Ab 15 Jahren

Jürgen Tille-Koch

Komponieren lernen

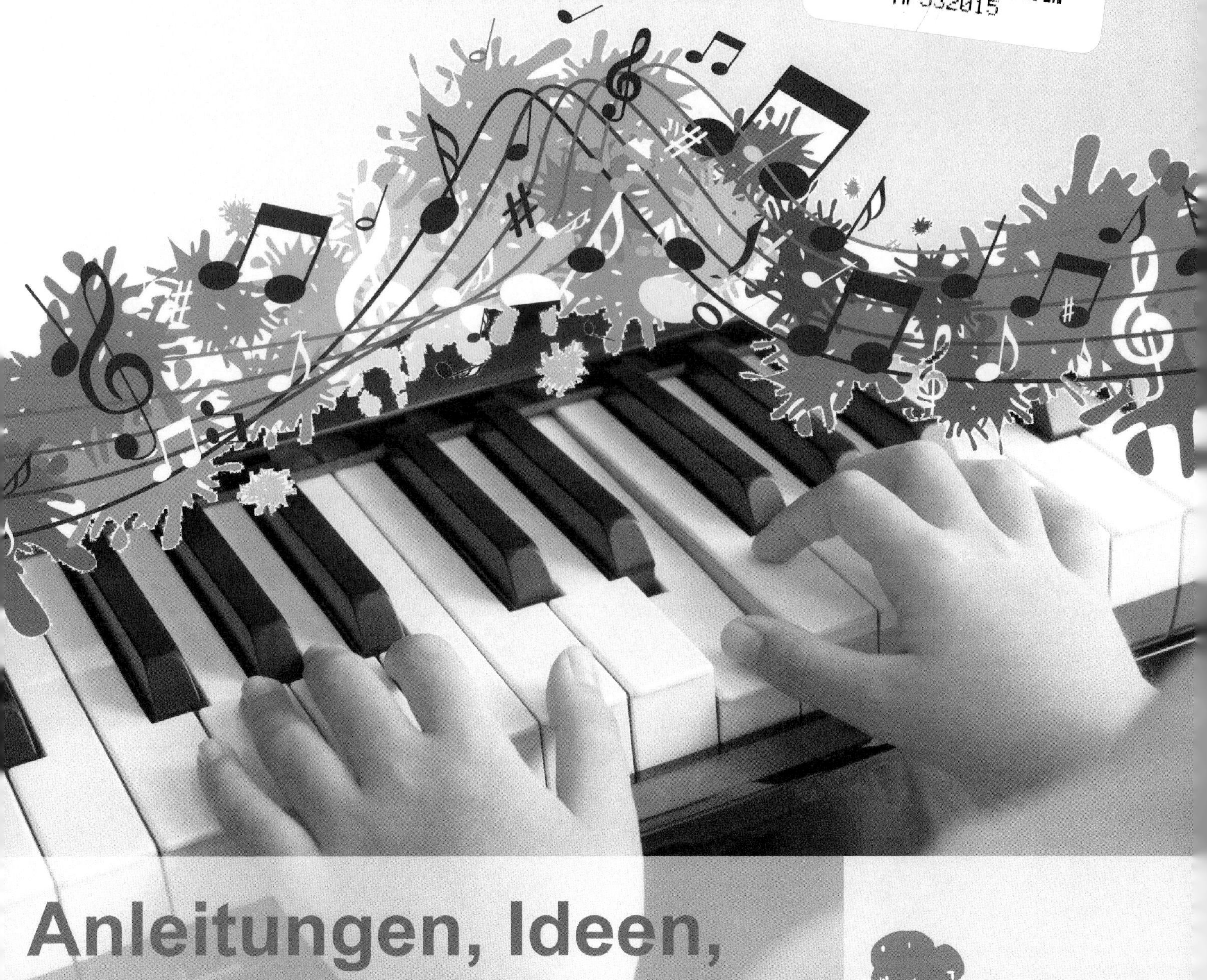

Anleitungen, Ideen, Theorie & Praxis

Komponieren lernen / Band 1

Anleitungen, Ideen, Theorie & Praxis

8. Auflage 2026

Inhalt: Jürgen Tille-Koch
Umschlagbild: © Kenishirotie & lienchen020 - fotolia.com
Redaktion: Kohl-Verlag
Grafik & Satz: Kohl-Verlag
Druck: Elanders Druck, Waiblingen

Bestell-Nr. 12 107

ISBN: 978-3-96040-273-2

Kontakt: Kohl-Verlag, An der Brennerei 37-45, 50170 Kerpen
Tel: +49 2275 331610, Mail: info@kohlverlag.de

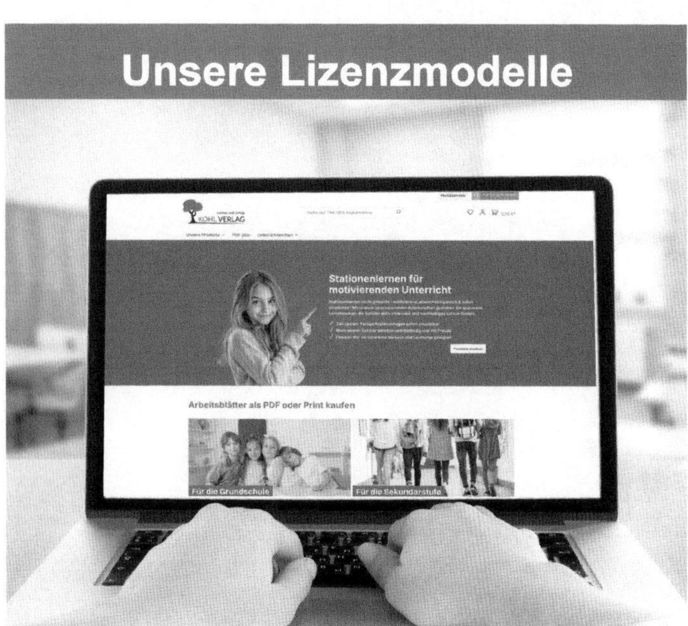

Der vorliegende Band ist eine Print-Einzellizenz

Sie wollen unsere Kopiervorlagen auch digital nutzen? Kein Problem – fast das gesamte KOHL-Sortiment ist auch sofort als PDF-Download erhältlich! Wir haben verschiedene Lizenzmodelle zur Auswahl:

	Print-Version	PDF-Einzellizenz	PDF-Schullizenz	Kombipaket Print & PDF-Einzellizenz	Kombipaket Print & PDF-Schullizenz
Unbefristete Nutzung der Materialien	x	x	x	x	x
Vervielfältigung, Weitergabe und Einsatz der Materialien im eigenen Unterricht	x	x	x	x	x
Nutzung der Materialien durch alle Lehrkräfte des Kollegiums an der lizensierten Schule			x		x
Einstellen des Materials im Intranet oder Schulserver der Institution			x		x

Die erweiterten Lizenzmodelle zu diesem Titel sind jederzeit im Online-Shop unter www.kohlverlag.de erhältlich.

Inhalt

KOHL VERLAG
KOMPONIEREN LERNEN / Band 1
Anleitungen, Ideen, Theorie & Praxis – Bestell-Nr. 12 107

Vorwort

Ohne Musik wäre das Leben ein Irrtum.
(F. Nietzsche)

In ***meinem*** Musikunterricht der Oberstufe habe ich als Schüler nicht wirklich alles verstanden. Kadenz, Tonika, Tonikaparallele, Dominante, Sonatenhauptsatzform, Exposition .... die vorwiegend theoretische Ebene hat nur bedingt zu einem Verstehen geführt.

Der vorliegende Band knüpft an diese Vorerfahrungen und Überlegungen an und führt durch die Praxis zu einem Verstehen dieser musikimmanenten Inhalte. Er setzt v o r den soeben erwähnten Begrifflichkeiten an, sodass sich ein Verstehen fast von selber ergibt. Außerdem werden einige Begriffe – wenn überhaupt - nur am Rande erwähnt und im differenzierten Bereich eher dem Bereich Profilfach bzw. Leistungskurs Musik zugeordnet.

Stellvertretend für alle Bundesländer werden an dieser Stelle die Formulierungen des Bildungsplanes Baden-Württemberg für das Fach Musik in der Oberstufe erwähnt. Im Bereich „Musik verstehen“ Klasse 12/13 bzw. Oberstufe G8 können die Schülerinnen und Schüler „Musik mit geeigneten Methoden nach bestimmten Kriterien analysieren. Dabei können sie gestaltbildende Merkmale von Musik hörend und am Notentext erkennen und beschreiben. Sie sind in der Lage, diese Gestaltungselemente aufeinander zu beziehen[....]“. Sie können „das Zusammenwirken verschiedener Parameter als Gestaltungsmittel wahrnehmen und beschreiben: Rhythmik, Melodik, Harmonik, Dynamik, Artikulation, Instrumentierung, Form, Gesamtwirkung [.....]“[1]

Dieses Arbeitsbuch bereitet das Erreichen dieser Ziele mit praxisbezogenen Hinweisen, verständlichen Aufgabenstellungen, Praxisanleitungen und dem Zusammenstellen eigener Ideen systematisch vor.

Viel Erfolg beim Einsatz der Materialien und der Präsentation vielfältiger Ergebnisse wünschen Ihnen das Team des Kohl-Verlages und

Jürgen Tille-Koch

1 Landesinstitut für Schulentwicklung, Bildungsplan der Oberstufe an Gemeinschaftsschulen, Stuttgart 2016

Methodisch-didaktische Hinweise

Konzeption

Dieser Band bietet eine vereinfachte Darstellung der Harmonie- und Melodielehre an.

Der Folgeband 2 wird auf fachimmanente Begriffe wie Plagalschluss, Halbschluss, Trugschluss, leiterfremd, Vorhaltakkord und die verschiedenen Formen einer Molltonleiter eingehen. Für einen Einstieg in die Praxis des Komponierens ist ein Umsetzen dieser Techniken noch nicht zwingend erforderlich.

Die Bezeichnung der Kapitel dieses Bandes lehnen sich an die Einteilung der aus der Klassik bekannten **Sonatenhauptsatzform** an:

Exposition ist die Aufstellung der Themen und Motive in einer Komposition. In diesem Band wird harmonisches Basiswissen als Baustein einer kurzen Komposition praktisch vermittelt.

Durchführung beschreibt die Verarbeitung dieser Themen und Motive. Das erarbeitete Basiswissen wird erweitert und über neue Akkordbildungen und Orientierung an der Kadenz weitergeführt.

Reprise ist die wörtliche oder variierte Wiederholung der Exposition. Erweiterte Kadenzen und Merkmale von Melodiebildungen führen durch praktische Übungen zu eigenständigen Kompositionen 4-taktiger Modelle.

Die Einführung in die Geheimnisse, Musik zu komponieren, bewegt sich in diesem Band auf der Ebene des Machbaren und setzt an den einfachsten Regeln und Gesetzmäßigkeiten der Musiktheorie an. Ziel der einfach und aufbauend dargestellten Systematik ist dabei, dass a l l e Schülerinnen und Schüler die Technik zu komponieren nicht nur verstehen, sondern auch praktisch umsetzen können.

In diesem ersten Band liegen die Schwerpunkte auf den Bereichen Dreiklänge, Kadenz und einfache harmonische Zusammenhänge. Orientiert an Beispielen vorliegender musikalischer Ideen von professionellen Musikerinnen und Musikern verschiedener Stilrichtungen entwickeln sich eigene Ideen und Vorstellungen. Dabei besteht nicht der Anspruch, geniale Ergebnisse zu erzielen. Ziel ist, die fast mathematisch berechenbare einfache Kunst des Komponierens zu verstehen.

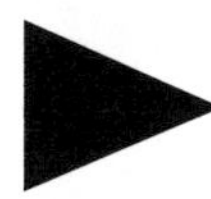

Die in der Regel 4-taktigen Ergebnisse werden bei Präsentationen und sonstigen Aufführungen nach individuellen Vorstellungen arrangiert und wiederholt.

Differenzierung

PF/LK Profilfach Musik/Leistungskurs

Diese Inhalte sind empfohlen für das Fach Musik z B. als Profilfach oder auch Leistungskurs.

Sozialform

Diese Symbole empfehlen die Erarbeitung der Aufgaben in folgenden Sozialformen:

Einzelarbeit

Partnerarbeit

Gruppenarbeit

1. Exposition

Info-Box

Materialien: - 2 Flippapiere „Gemeinsamkeiten" und „Unterschiede"
- Eddings

Übertragen Sie Ihre Lösungen der Aufgabe 1 b) auf die ausgelegten und mit den Überschriften „Gemeinsamkeiten" und „Unterschiede" versehenen Flippapiere. Vermeiden Sie dabei Doppelungen und diskutieren Sie anschließend Ihre Ergebnisse.
Einige der in dieser Diskussion erwähnten Fachbegriffe sind gleichzeitig Lösungen der Aufgabe 2.

- **Notierte Musik - Beispiele**

PA

Aufgabe 1: **a)** *Schauen Sie sich die folgenden jeweils ersten Takte von bekannten und weniger bekannten Kompositionen aus verschiedenen Stilrichtungen und Epochen an.*

1. Exposition

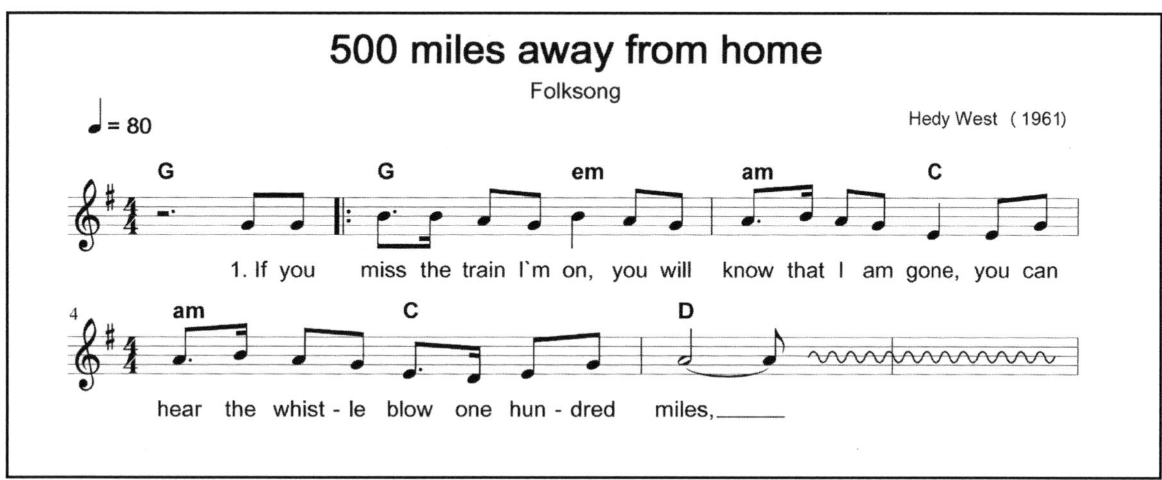

Aufgabe 1: **b)** Notieren Sie die Gemeinsamkeiten und die Unterschiede der Melodiebeispiele.

Gemeinsamkeiten	Unterschiede

KOHL VERLAG
KOMPONIEREN LERNEN / Band 1
Anleitungen, Ideen, Theorie & Praxis – Bestell-Nr. 12 107

1. Exposition

EA

Aufgabe 1: **c)** Übertragen Sie Ihre Ergebnisse auf die ausgelegten Flippapiere.
d) Diskutieren Sie die Ergebnisse.

EA

Aufgabe 2: *Fassen Sie in diesem Beispiel Ihre Lösungen zusammen. Setzen Sie die Fachbegriffe an den entsprechenden Stellen ein.*

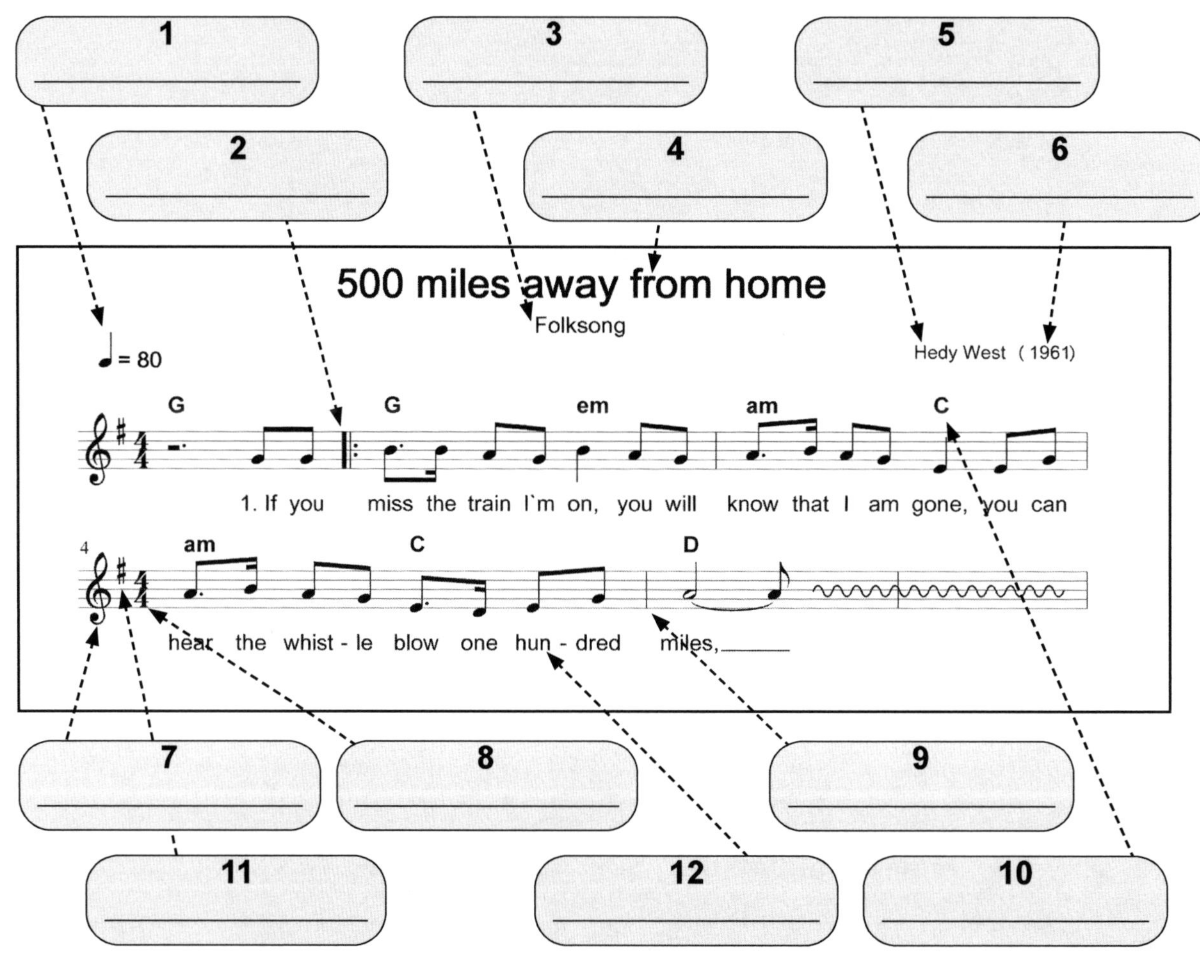

PA

Aufgabe 3: *Der erste Vers des vorangegangenen Musikbeispiels ist auf der folgenden Seite in veränderter Form notiert.*

a) Schreiben Sie in Stichworten, was sich hier geändert hat.

____

____

____

b) Wie nennt man in der Musik diese Notation eines Musikstückes?

____

1. Exposition

500 miles away from home

Hedy West (1961)
Arr.: J. Tille-Koch

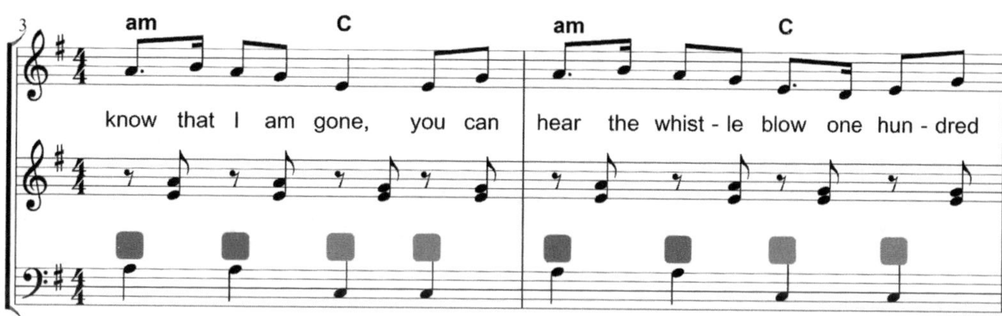

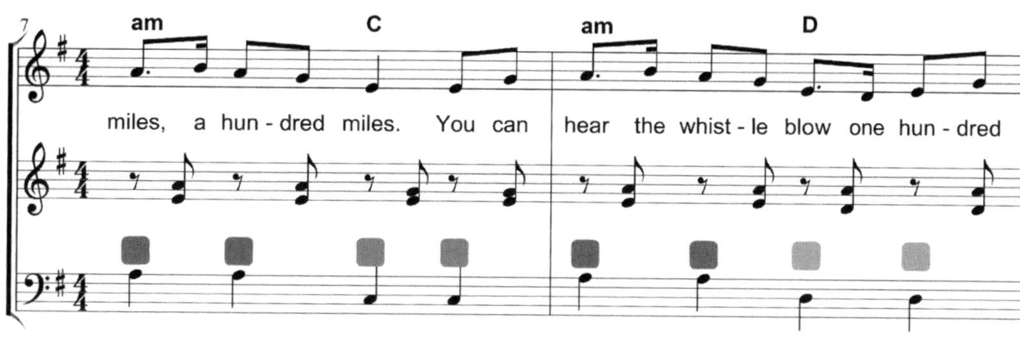

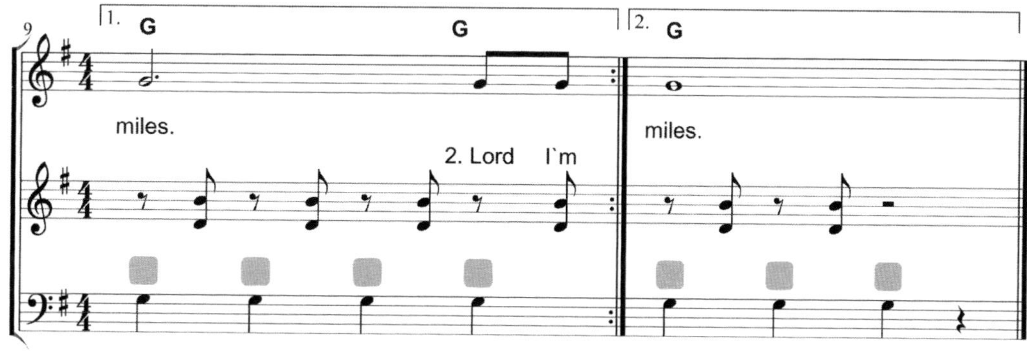

KOMPONIEREN LERNEN / Band 1
Anleitungen, Ideen, Theorie & Praxis – Bestell-Nr. 12 107

KOHL VERLAG

2. Durchführung

Die Orientierung an Dreiklängen ist sowohl für die harmonische als auch für die melodische Gestaltung eines Musikstückes wichtig.

<u>Harmonische Begleitung</u>

- **Der Dreiklang**

Als **Dreiklang** bezeichnet man den Zusammenklang von drei Tönen. Jeder Dreiklang setzt sich zusammen aus

Grundton, Terz und Quinte.

Der Dreiklang ist also der Aufbau von zwei Terzen übereinander.
Ausgehend vom Grundton umfasst eine Terz den Abstand von 3, eine Quinte den Abstand von 5 Tönen.

Man unterscheidet den

g r o ß e n Dreiklang (Durdreiklang) und den
k l e i n e n Dreiklang (Molldreiklang).

Der große Dreiklang besteht aus großer Terz und reiner Quinte.
Der kleine Dreiklang besteht aus kleiner Terz und reiner Quinte.

Die **große Terz** umfasst 2 Tonschritte (4 Halbtonschritte).
Die **kleine Terz** umfasst 1 ½ Tonschritte (3 Halbtonschritte).
Die **reine Quinte** besteht aus 3 ½ Tonschritten (7 Halbtonschritte).

<u>Aufgabe 1</u>: *Terz und Quinte gehören zu den Intervallen. Wiederholen Sie die Intervalle und schreiben Sie je ein Beispiel daneben.*

a) .... **e)** ....

b) .... **f)** ....

c) .... **g)** ....

d) .... **h)** ....

<u>Aufgabe 2</u>: *Notieren Sie die angegebenen Dreiklänge.*

a) C-Dur **b)** c-Moll

2. Durchführung

PF/ LK Die Orientierung an Dreiklängen ist sowohl für die harmonische als auch für die melodische Gestaltung eines Musikstückes wichtig.

Harmonische Begleitung

- **Der Dreiklang**

Als **Dreiklang** bezeichnet man den Zusammenklang von drei Tönen. Jeder Dreiklang setzt sich zusammen aus

Grundton, Terz und Quinte.

Der Dreiklang ist also der Aufbau von zwei Terzen übereinander.
Ausgehend vom Grundton umfasst eine Terz den Abstand von 3, eine Quinte den Abstand von 5 Tönen.

Man unterscheidet zwischen dem

g r o ß e n Dreiklang (Durdreiklang),
k l e i n e n Dreiklang (Molldreiklang),
v e r m i n d e r t e n Dreiklang und
ü b e r m ä ß i g e n Dreiklang.

Der große Dreiklang besteht aus großer Terz und reiner Quinte.
Der kleine Dreiklang besteht aus kleiner Terz und reiner Quinte.
Der verminderte Dreiklang besteht aus kleiner Terz und verminderter Quinte.
Der übermäßige Dreiklang besteht aus großer Terz und übermäßiger Quinte.

Die **große Terz** umfasst 2 Tonschritte (4 Halbtonschritte).
Die **kleine Terz** umfasst 1 ½ Tonschritte (3 Halbtonschritte).
Die **reine Quinte** besteht aus 3 ½ Tonschritten (7 Halbtonschritte).
Die **verminderte Quinte** besteht aus 3 Tonschritten (6 Halbtonschritte).
Die **übermäßige Quinte** umfasst 4 Tonschritte (8 Halbtonschritte).

Aufgabe 1: *Terz und Quinte gehören zu den Intervallen. Wiederholen Sie die Intervalle und schreiben Sie je ein Beispiel daneben.*

a) .... **e)** ....

b) .... **f)** ....

c) .... **g)** ....

d) .... **h)** ....

Aufgabe 2: *Notieren Sie die 4 verschiedenen Dreiklänge über dem Grundton C.*

a) groß **c)** vermindert

b) klein **d)** übermäßig

KOMPONIEREN LERNEN / Band 1
Anleitungen, Ideen, Theorie & Praxis – Bestell-Nr. 12 107
KOHL VERLAG

2. Durchführung

- **Dur- und Moll-Dreiklänge**

Wir orientieren uns zum Aufbau eines Systems an einer einfachen C-Dur- Tonleiter.

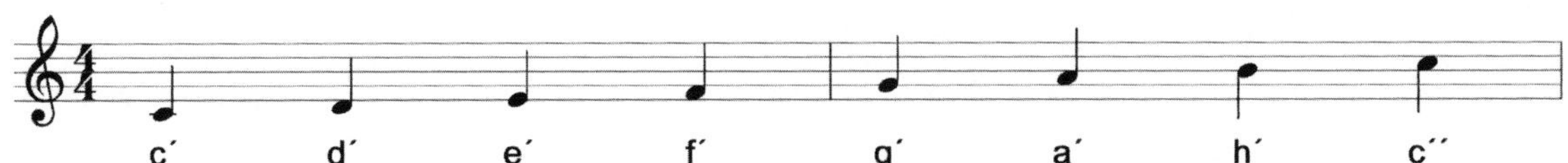

Aufgabe 1: *Entwickeln Sie über den leitereigenen Tönen die Dur-Dreiklänge.*

a) Ergänzen Sie die einzelnen Grundtöne zu einem Durdreiklang nach dem vorher beschriebenen Schema.

b) Schreiben Sie die Namen der Dreiklangstöne neben den genannten Akkord.

C-Dur: .... D-Dur: .... E-Dur: .... F-Dur: ....
G-Dur: .... A-Dur: .... H-Dur: ....

Aufgabe 2: *Entwickeln Sie die Moll-Dreiklänge.*

a) Ergänzen die einzelnen Grundtöne zu einem Molldreiklang nach dem vorher beschriebenen System.

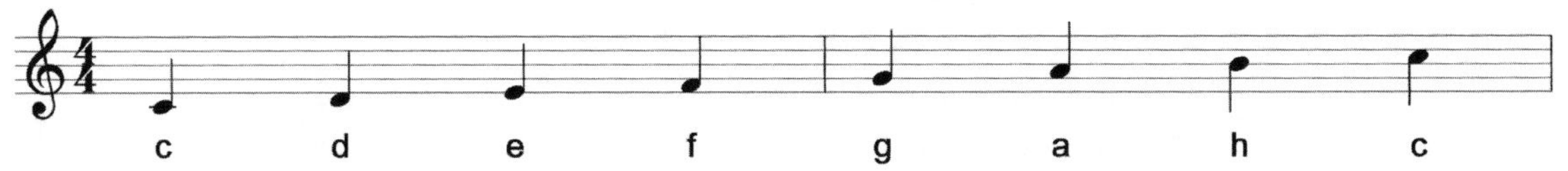

b) Schreiben Sie die Namen der Dreiklangstöne neben den genannten Moll-Dreiklang.

c-Moll: .... d-Moll: .... e-Moll: .... f-Moll: ....
g-Moll: .... a-Moll: .... h-Moll: ....

KOMPONIEREN LERNEN / Band 1
Anleitungen, Ideen, Theorie & Praxis – Bestell-Nr. 12 107

2. Durchführung

Komponieren 1

Die erste Komposition entsteht aus einer 4-taktigen harmonischen Folge über den ersten 6 Grundtönen der C-Tonleiter. Sie sind mit den Stufen I bis VI bezeichnet.

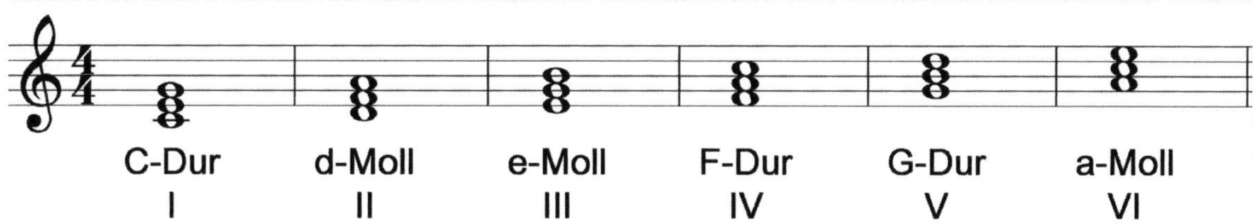

Eine Reihenfolge ergibt sich durch Erwürfeln von 4 Harmonien. Die erwürfelte Zahl entspricht dabei der entsprechenden Tonstufe.

<u>Beispiel</u>:

- Erwürfeln Sie verschiedene 4-taktige harmonische Modelle.
  Spielen Sie auf Instrumenten Ihrer Wahl.

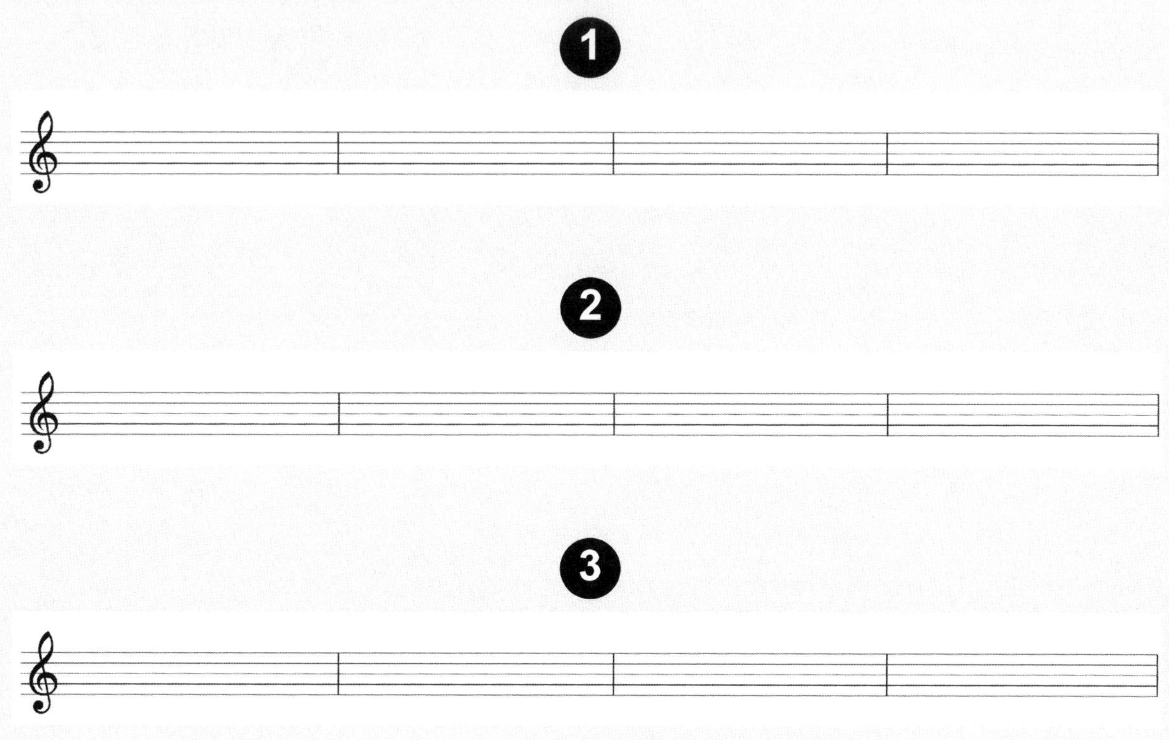

KOMPONIEREN LERNEN / Band 1
Anleitungen, Ideen, Theorie & Praxis – Bestell-Nr. 12 107
KOHL VERLAG

2. Durchführung

- **Umkehrung von Dreiklängen**

Dreiklänge werden nicht immer in der Reihenfolge Grundton – Terz – Quinte gespielt. Durch die Veränderung der Lagen erhält man Umkehrungen, die sich in einer Komposition sehr oft anbieten. Der harmonische Klang ändert sich dadurch nicht.

> *Tipp: Dreiklänge werden nicht nur als Akkorde gespielt. Sie werden auch in Einzeltöne aufgelöst und als gebrochene Akkorde gespielt.*

Aufgabe 1: *Notiere den Grunddreiklang und die Umkehrungen der angegebenen Akkorde als akkordischen und gebrochenen Klang.*

KOMPONIEREN LERNEN / Band 1
Anleitungen, Ideen, Theorie & Praxis – Bestell-Nr. 12 107
KOHL VERLAG

2. Durchführung

Komponieren 2

Die Tonstufen ziehen oft Akkordsprünge in der harmonischen Begleitung nach sich. Der Verlauf der Dreiklänge wird durch Umkehrungen eleganter gestaltet.
<u>Beispiel</u>: (erwürfeltes Ergebnis „Komponieren 1“)

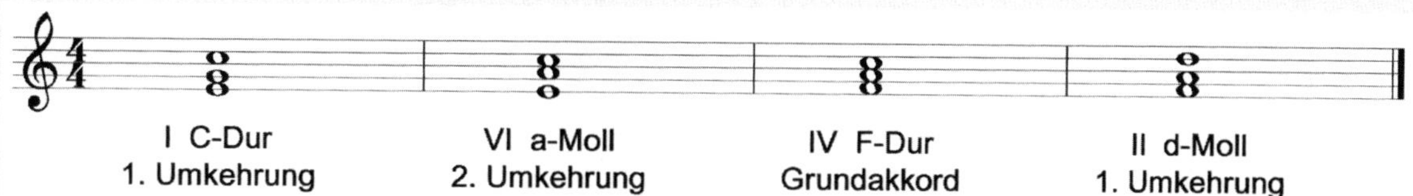

Die harmonische Begleitung wird jetzt durch eine Bassstimme ergänzt. Dabei wird der harmonische Grundton von der Bassfigur übernommen.

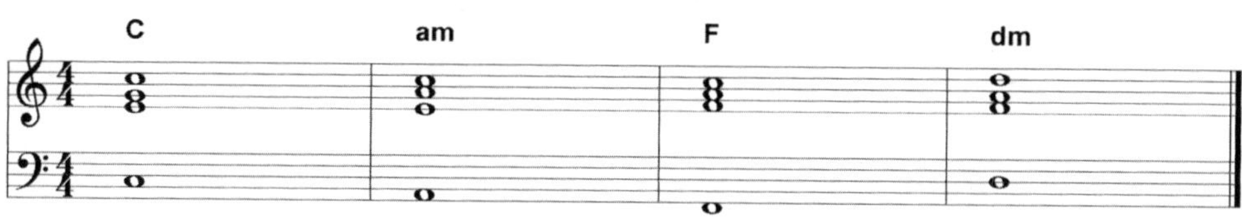

oder

- Ergänzen Sie jetzt die erwürfelten Ideen!

KOMPONIEREN LERNEN / Band 1
Anleitungen, Ideen, Theorie & Praxis – Bestell-Nr. 12 107
KOHL VERLAG

2. Durchführung

- **Tonstufen**

Die über den Tonstufen aufgebauten Dreiklänge (siehe S. 12) sind miteinander verwandt.

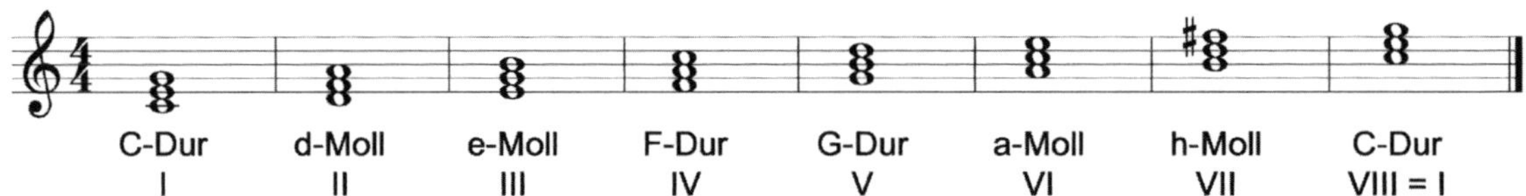

Die Akkorde über der I., IV. und V. Stufe sind Hauptdreiklänge. Die anderen werden Nebendreiklänge genannt. Jede Haupttonart hat eine terzverwandte Nebentonart. Die Haupt- und Nebentonarten haben in der Musik besondere Bezeichnungen.

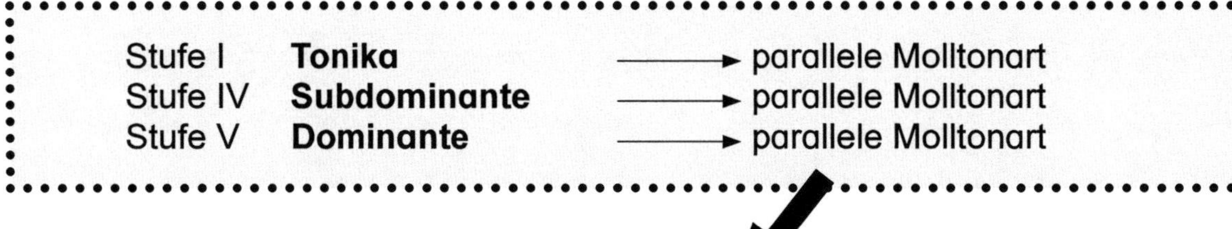

Stufe I	**Tonika**	→	parallele Molltonart
Stufe IV	**Subdominante**	→	parallele Molltonart
Stufe V	**Dominante**	→	parallele Molltonart

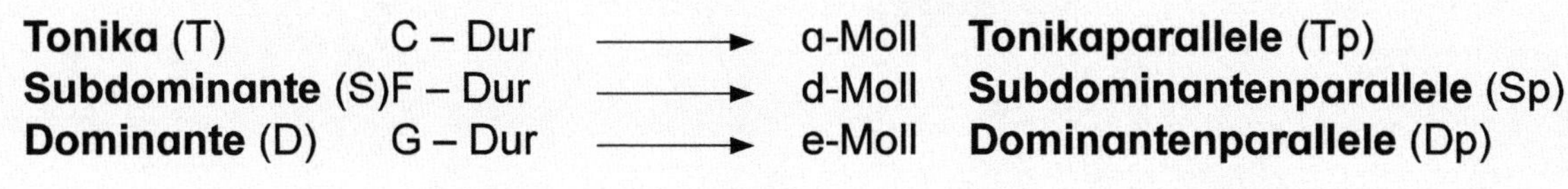

Tonika (T)	C – Dur	→	a-Moll	**Tonikaparallele** (Tp)
Subdominante (S)	F – Dur	→	d-Moll	**Subdominantenparallele** (Sp)
Dominante (D)	G – Dur	→	e-Moll	**Dominantenparallele** (Dp)

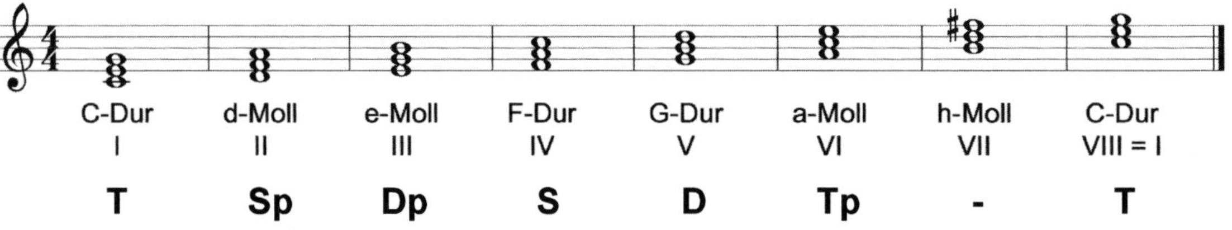

Komponieren 3

- **Komponieren Sie eine 4-taktige Sequenz mit der Tonika C-Dur.**

Folge: Tonika - Subdominantenparallele - Subdominante - Dominante

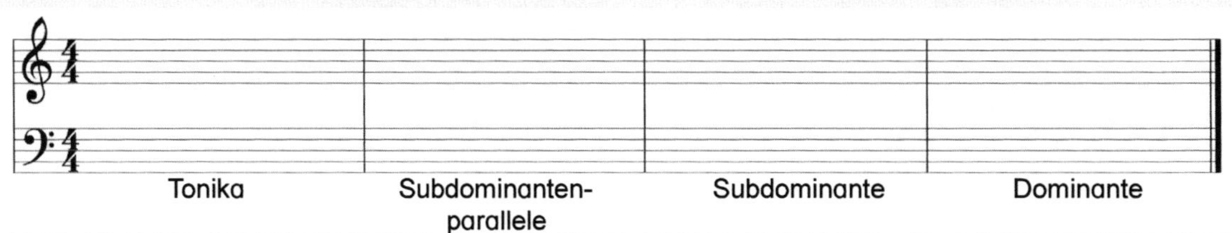

KOMPONIEREN LERNEN / Band 1
Anleitungen, Ideen, Theorie & Praxis – Bestell-Nr. 12 107
KOHL VERLAG

2. Durchführung

Komponieren 4

- Mit dem Wissen und Können, das Sie jetzt schon erreicht haben, können Sie ein wenig mutiger und kreativer werden. Bleiben Sie (noch) in dem bisherigen Tonraum und einer 4-taktigen Tonfolge.

<u>Beispiel</u>: Tonika - Tonikaparallele - Subdominantenparallele - Dominante

1

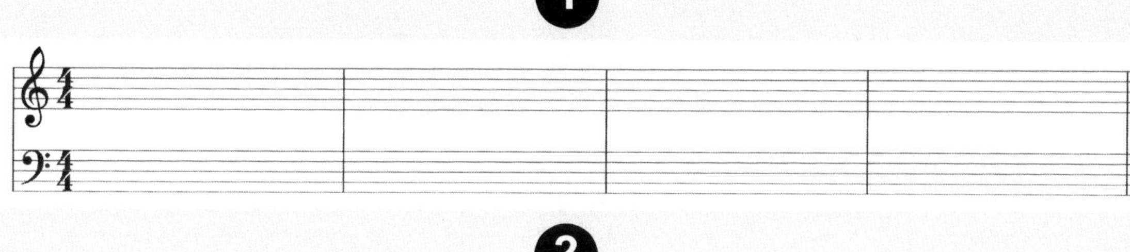

2

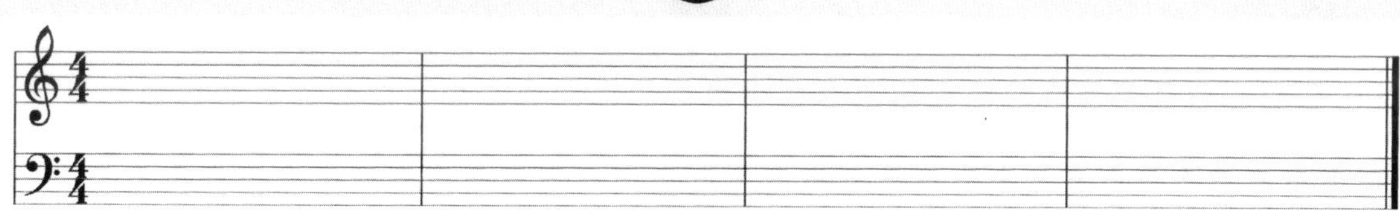

3

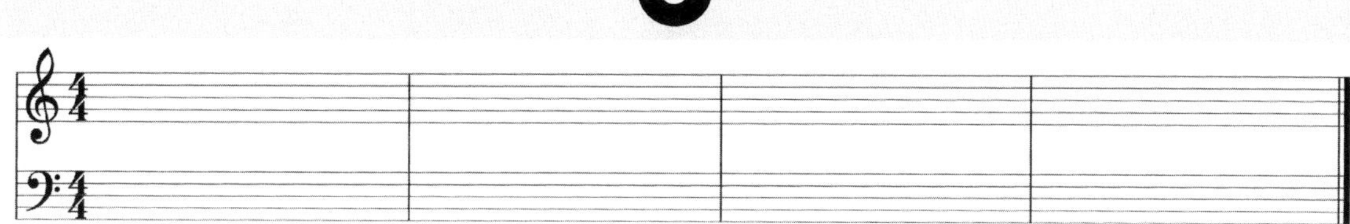

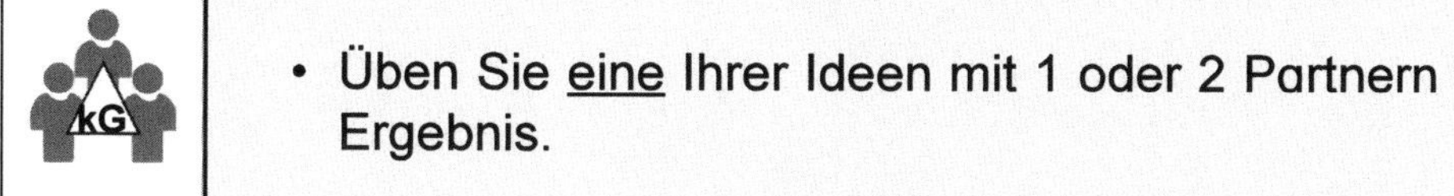

- Üben Sie <u>eine</u> Ihrer Ideen mit 1 oder 2 Partnern ein und präsentieren Sie Ihr Ergebnis.

2. Durchführung

Komponieren 4

PF/
LK

- Mit dem Wissen und Können, das Sie jetzt schon erreicht haben, können Sie ein wenig mutiger und kreativer werden. Bleiben Sie (noch) in dem bisherigen Tonraum und einer 4-taktigen Tonfolge.

Tipp: Vermeiden Sie Parallelbewegungen zwischen Bass und Begleitung!

Beispiel 1: Tonika - Tonikaparallele - Subdominantenparallele - Dominante

Beispiel 2: Tonikaparallele - Tonika - Dominantenparallele - Dominante

- Üben Sie eine Ihrer Ideen mit 1 oder 2 Partnern ein und präsentieren Sie Ihr Ergebnis.

2. Durchführung

- **Der Dominantseptakkord**

Der Begriff **Dominantseptakkord** setzt sich zusammen aus den Worten

Dominante → die V. Tonstufe ausgehend von der Tonika
Septime → Abstand von 7 Schritten ausgehend vom Akkordgrundton
Akkord → Zusammenklang von mehreren Tönen

Der Dominantseptakkord entsteht durch Hinzufügen der kleinen Septime zum Dreiklang der Dominante.
kleine Septime: Halbtonschritt vom 6. zum 7. Ton

Schreibweise als Harmonieangabe z.B. G^7, D^7 usw.

PA

Aufgabe 1: *Finden Sie den Dominantseptakkord zur Tonika C-Dur.*

a) Nennen Sie die Dominante zur Tonika C-Dur:

b) Notieren Sie die kleine Septime zum Grundton g:

c) Notieren Sie den vollständigen Dominantseptakkord zur Tonika C:

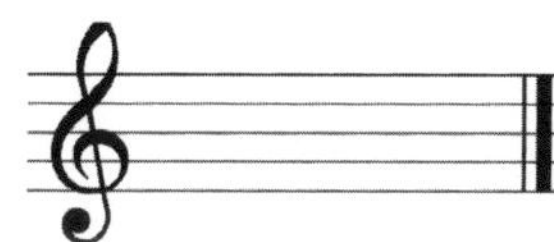

Aufgabe 2: *Ein Dominantseptakkord leitet am Ende eines Musikstückes oft zum Schlussakkord der Tonika über. Erstellen Sie eine 4-taktige Folge nach diesem Prinzip.*

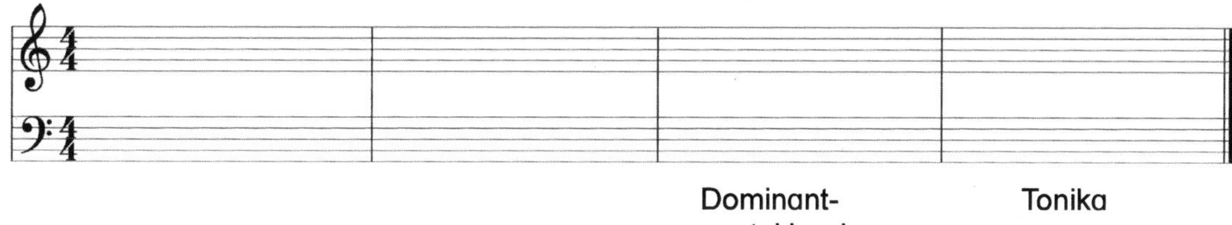

Dominant-septakkord | Tonika

PF/ LK

Umkehrungen des Dominantseptakkordes G^7:

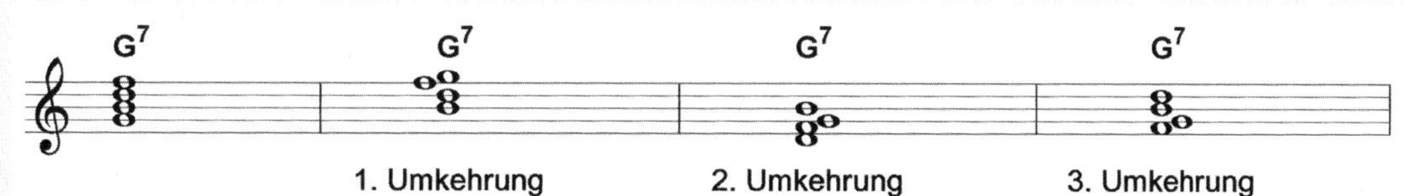

1. Umkehrung (Quintsextakkord) → h, d, f, g
2. Umkehrung (Terzquartakkord) → d, f, g, h
3. Umkehrung (Sekundakkord) → f, g, h, d

2. Durchführung

- **Die Dur-Kadenz**

Neu in diesem Kapitel ist lediglich die Überschrift, da die tonalen Zusammenhänge schon erarbeitet sind. Der Begriff **Kadenz** gibt diesen Bereichen jetzt lediglich eine fachorientierte Überschrift.

Die Beziehung der einzelnen Tonarten eines Stückes zur Haupttonart (Tonika) heißt **Tonalität**. Die Kadenz ist ein vollkommener Ausdruck der Tonalität und beschließt oft ein Musikstück mit einer Harmoniefolge, die in der Regel mit der Tonika endet.

Die Harmoniefolge I – VI – V – I ist eine sehr häufig verwendete Folge:
I Tonika
IV Subdominante
V Dominante
I Tonika

Es ist dabei unerheblich, ob diese Akkorde über je einem Takt oder nur je einer Zählzeit erklingen. Vor dem Erreichen der Tonika als Schlussakkord können auch die parallelen Molltonarten eingesetzt werden.

Aufgabe 1: *Die folgenden Tonfolgen können in einer Komposition vorkommen.*

1

2

3
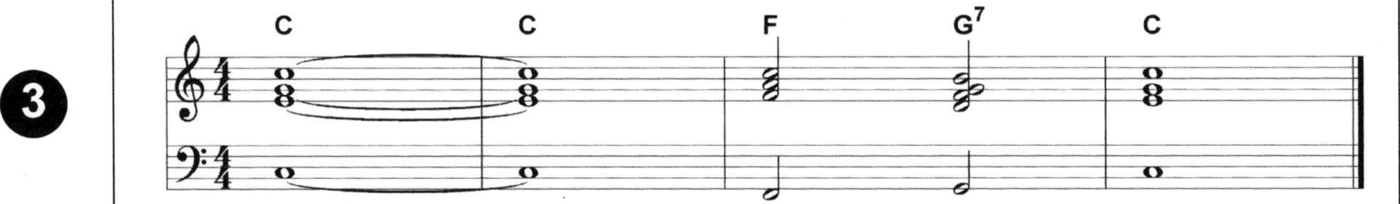

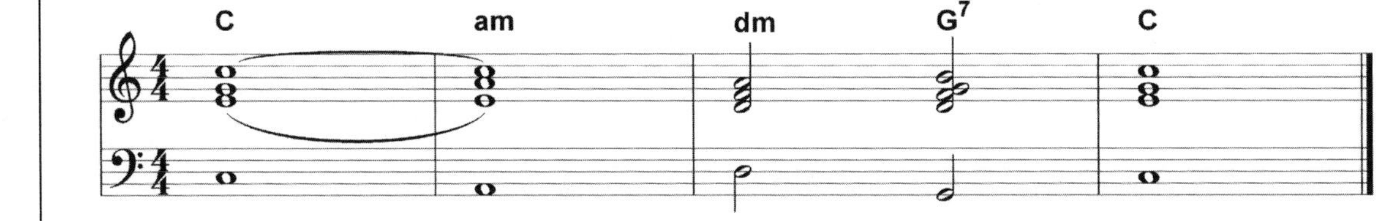

2. Durchführung

a) Vergleichen Sie die Tonfolgen der vorigen Seite miteinander und tragen Sie Merkmale in die Tabelle ein.

❶	
❷	
❸	
❹	

Aufgabe 2: *Sicherlich kennen Sie das Lied „Die Gedanken sind frei“.*

a) Beschreiben und bestimmen Sie den Harmonieverlauf.

___

___

___

b) Notieren Sie, was Ihnen an der Anzahl der Takte und dem Liedverlauf auffällt.

___

___

___

2. Durchführung

Komponieren 5

- Komponieren Sie Tonfolgen, die sich an der Kadenz orientieren. Bleiben Sie (noch) in dem bisherigen Tonraum und einer 4-taktigen Tonfolge.

1

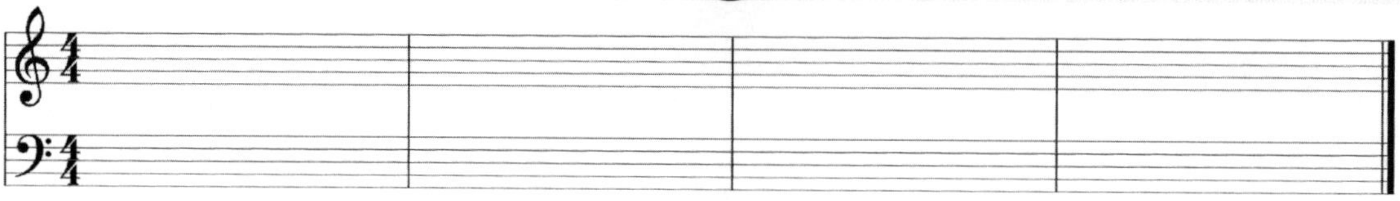

2

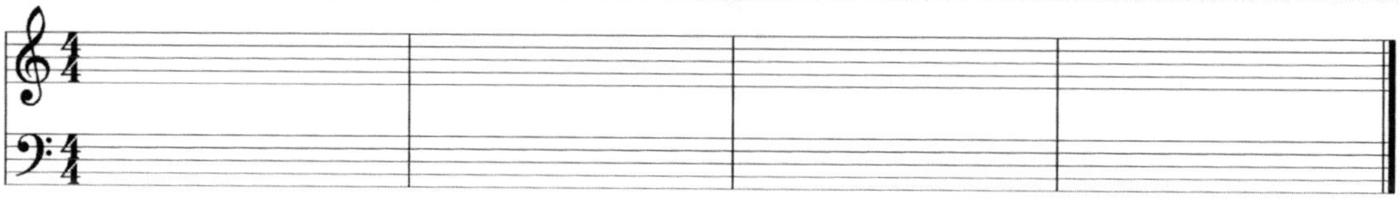

3

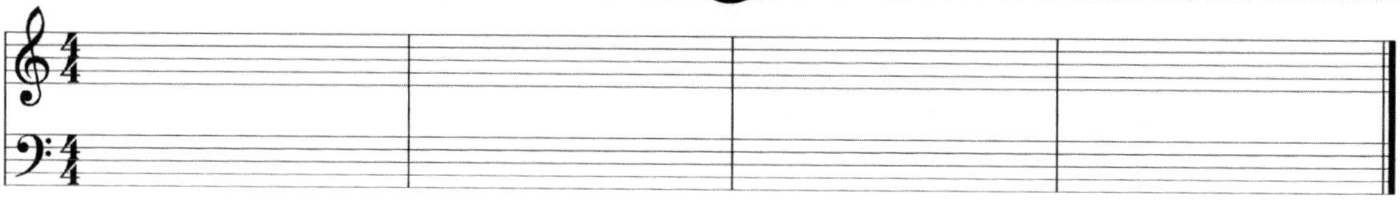

4

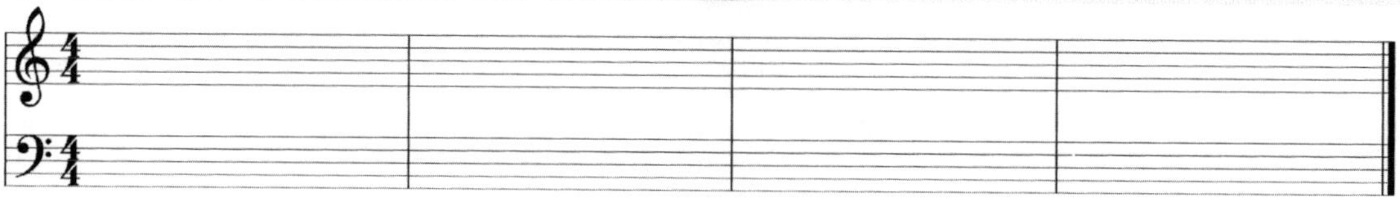

5

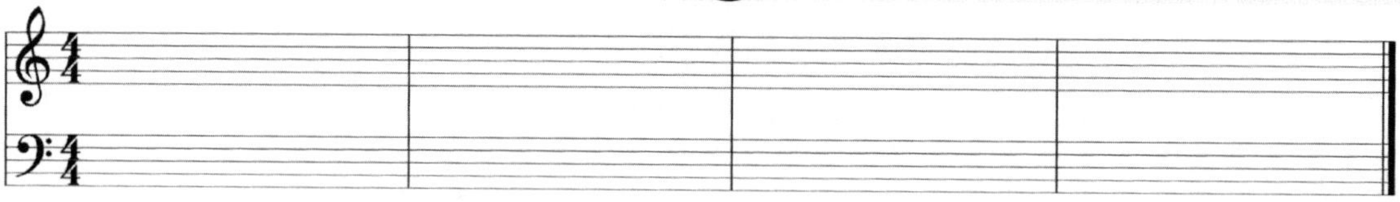

- Üben Sie eine Ihrer Ideen mit 1 oder 2 Partnern ein und präsentieren Sie Ihr Ergebnis.

KOMPONIEREN LERNEN / Band 1
Anleitungen, Ideen, Theorie & Praxis – Bestell-Nr. 12 107

- **Die Blueskadenz**

Blues
Ende des 19., Anfang des 20. Jahrhunderts hat sich der Blues in den USA entwickelt. Diese vokale und instrumentale Musikform bildet die Grundlage eines Großteils der populären Musik. Jazz, Rock, Rock,n'Roll, Soul und alle Stile der Pop- und Rockmusik, selbst Hip-Hop und Rap greifen auf harmonische Folgen des Blues zurück.

Das Standard-Blues-Schema
Das Standard-Blues-Schema besteht aus 12 Takten mit Akkordfolgen über der I. Stufe Tonika, der IV. Stufe Subdominante und der V. Stufe Dominante. Die Takte des Blues-Schemas, die sich in 3 mal 4 Takte gliedern lassen, stellen sich vereinfacht folgendermaßen dar:

|| I | I | I | I | IV | IV | I | I | V | IV | I | I ||

Wenn ein weiterer Durchgang dieser 12 Takte folgt, erklingt im 12. Takt der Dominantseptakkord. Im letzten Durchgang endet der Song wie hier notiert auf der Tonika.

Aufgabe 1: *Erstellen Sie nach dem dargestellten Schema eine 12-taktige Begleitung eines Songs mit der Tonika C-Dur.*

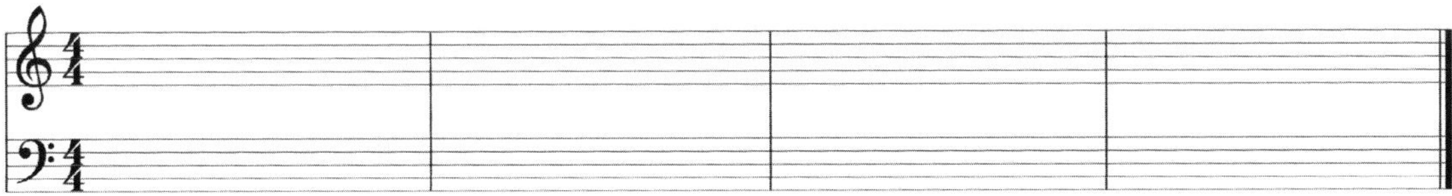

KOHL VERLAG KOMPONIEREN LERNEN / Band 1 Anleitungen, Ideen, Theorie & Praxis – Bestell-Nr. 12 107

PF/ LK **Aufgabe 2:** *Dem nach einem amerikanischen Volkslied entstandenen „Backwater Blues“ liegt ein variiertes Blues-Schema zugrunde.*

Bestimme den harmonischen Verlauf dieses Songs.

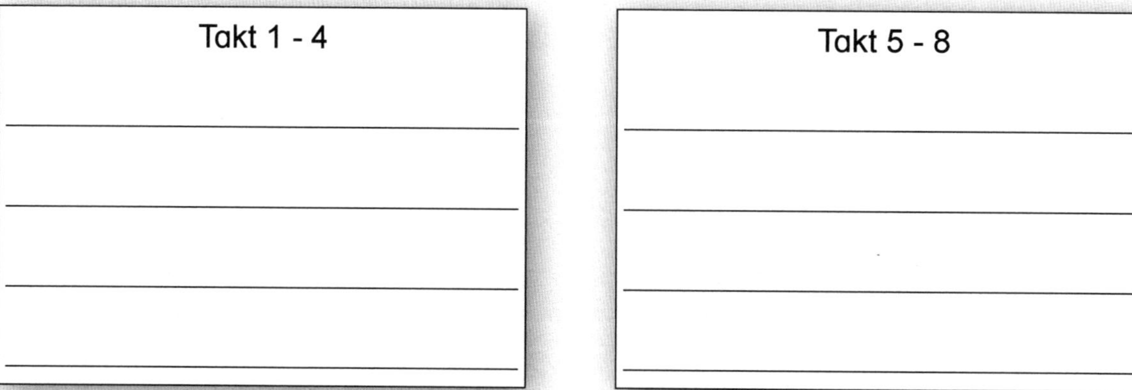

Takt 9 - 12

3. Reprise

Tonale Erweiterung

- **Der Quintenzirkel**

Info-Box

Die bisherigen Kompositionselemente orientierten sich an den Akkorden der C-Dur-Tonleiter über den Stufen I – IV. Die systematische Darstellung aller Harmonien in dem Quintenzirkel stellt alle Möglichkeiten der tonalen Erweiterung dar. Ein vergrößerter Aushang im Musikraum unterstützt die Umsetzung der folgenden Aufgaben.
Die Farben der Harmonietafeln orientieren sich an den Farben der Boomwhackers, die bei der praktischen Umsetzung der individuellen Ideen berücksichtigt werden können.

Aufbau des Quintenzirkels

Harmonien sind das Ordnungssystem in der Musik.
Die Töne der C-Dur-Tonleiter sind harmonische Grundtöne, über denen sich die entsprechenden Akkorde aufbauen. Als Erweiterung zum bisherigen System werden jetzt zu jedem Ton dieser Tonleiter sowohl der Dur- als auch der Molldreiklang gebildet.
Die Farben in den folgenden Darstellungen orientieren sich an den Farben der Boomwhackers.

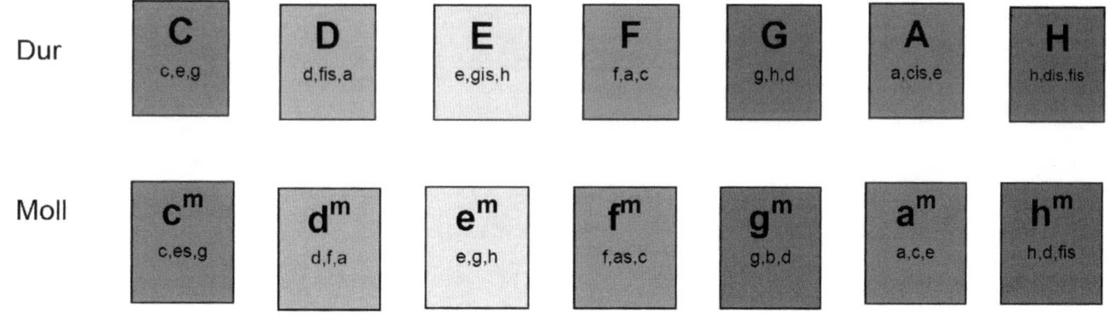

Diese Harmonien werden jetzt im Quintabstand „geordnet“. Im Zentrum des Quintenzirkels steht C-Dur. Eine Quinte höher liegt G-Dur, dann folgt D-Dur usw. Von C-Dur aus eine Quinte tiefer liegt F-Dur, dann das B-Dur usw. Für die parallelen Molltonarten gilt das gleiche System. Die Übersicht stellt sich so dar:

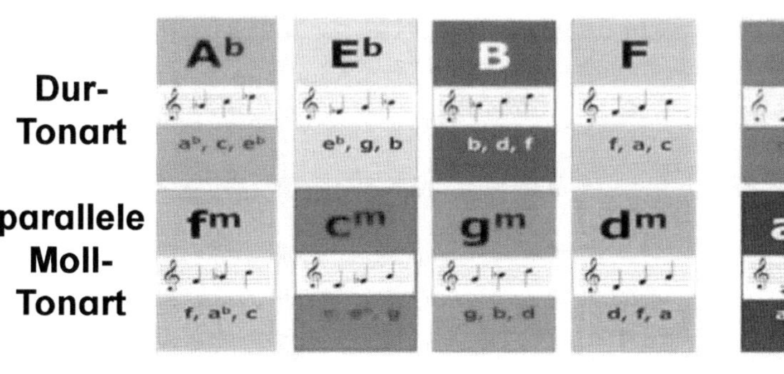

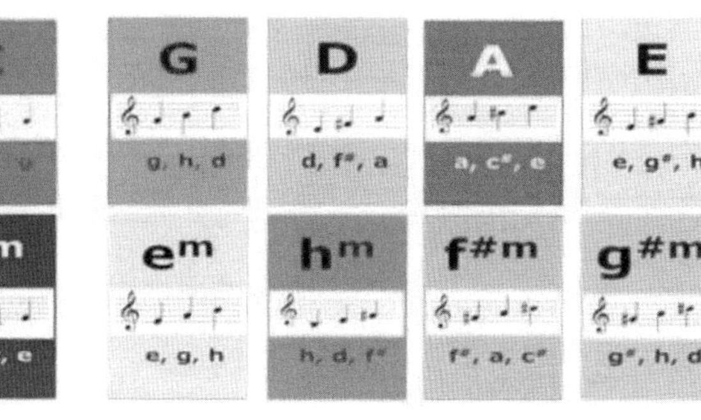

KOMPONIEREN LERNEN / Band 1 – Bestell-Nr. 12 107
Anleitungen, Ideen, Theorie & Praxis
KOHL VERLAG

3. Reprise

Der Quintenzirkel zeigt die Reihenfolge der Tonarten, die jeweils enthaltenen Vorzeichen und deren Reihenfolge. #- und b-Vorzeichen, die eine Tonart kennzeichnen, sorgen dafür, dass die 3 ½ Tonschritte bzw. 7 Halbtonschritte einer Quinte eingehalten werden. Das # erhöht einen Ton um einen halben Schritt, das b erniedrigt ihn entsprechend. Im System der vorigen Seite befinden sich die B-Tonarten links, die #-Tonarten rechts vom Zentrum C-Dur. Mit jedem Schritt nach links bzw. rechts erhöht sich die Anzahl der entsprechenden Vorzeichen. Die Darstellung oben ist ursprünglich in Kreisform notiert, daher wird der Begriff „Quintenzirkel" in der Musik in der Regel eingesetzt.

Aufgabe 1: *Eine häufig verwendete Kadenz erfolgt in der Reihenfolge I – IV – V – I.*

a) Beschreiben Sie die Lage der Tonarten im obigen System, die zur Tonika C-Dur gehören.

____

____

b) Die Tonika kann auch von jeder anderen Tonart gebildet werden. Dabei ändern sich dann die daran orientierten Harmonien und ihre entsprechenden Vorzeichen. Ergänzen Sie die folgende Tabelle.

I Tonika	IV Subdominante	V Dominante	I Tonika
G-Dur			
D-Dur			
F-Dur			

Aufgabe 2: *Notieren Sie zur Tonika G-Dur, D-Dur und F-Dur je eine 4-taktige Kadenz.*

a) G-Dur

b) D-Dur

c) F-Dur

3. Reprise

PF/ LK **Aufgabe 3:** *Notieren Sie zu einer Tonika Ihrer Wahl eine 4-taktige Kadenz, die auch parallele Molltonarten und den Dominantseptakkord berücksichtigt.*

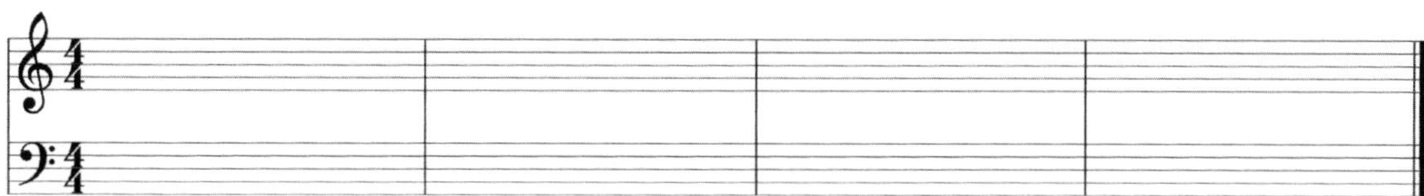

Aufgabe 4: *Auf Wikipedia finden Sie folgende Definition des Quintenzirkels: „Als* ***Quintenzirkel*** *bezeichnet man in der Musiktheorie eine Reihe von zwölf im Abstand temperierter Quinten angeordneten Tönen, deren letzter Ton die gleiche Tonigkeit wie der erste hat und demzufolge mit ihm gleichgesetzt werden kann. Diese Gleichsetzung ist jedoch nur möglich aufgrund einer enharmonischen Verwechslung*, die an beliebiger Stelle erfolgen kann. Durch die Rückkehr zum Anfang ergibt sich ein „Rundgang“, der grafisch als Kreis (lat.: circulus „Kreis“) dargestellt wird.*

** Die Enharmonische Verwechslung deutet Töne als andere Töne um, wenn sie auf einer Klaviatur die gleiche Taste, jedoch wegen ihrer Zugehörigkeit zu unterschiedlichen Tonleitern andere Namen haben. Auf einer Klaviatur liegen z.B. As und Gis, Ces und H, F und Eis usw. auf derselben Taste. Sie können entsprechend umgedeutet werden: As als Gis, Ces als H oder Eis als F usw..*

a) Stellen Sie alle Tonarten der 12 Tonstufen in einem Zirkel dar, der dann den Quintenzirkel ergibt. Geben Sie außen die Dur-Tonarten mit den Vorzeichen an, innen die parallelen Molltonarten.

b) Die Reihenfolge der Tonarten kann man sich durch Merksätze einprägen. Bilden Sie Merksätze mit den Tonarten als Anfangsbuchstaben für die #- und b-Tonarten.

____

____

b ______________________________

____

c) Finden Sie heraus, nach welchem System Sie am einfachsten die parallele Molltonart finden. ______________________________

3. Reprise

Komponieren 6

- Komponieren Sie Tonfolgen, die sich an der Kadenz orientieren. Bilden Sie weiterhin eine 4-taktige Tonfolge, aber erweitern Sie den Tonraum.

❶

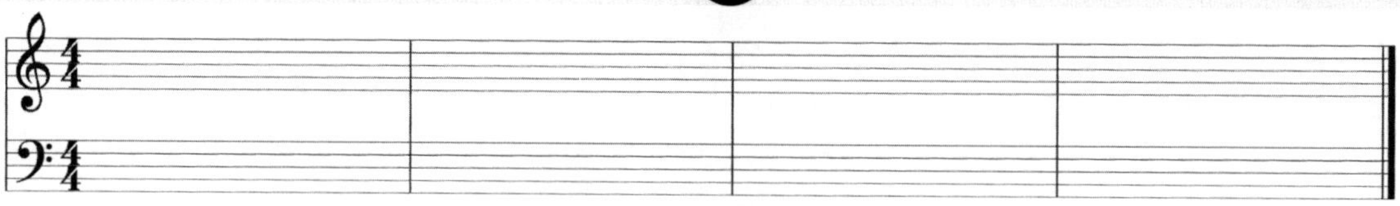

❷

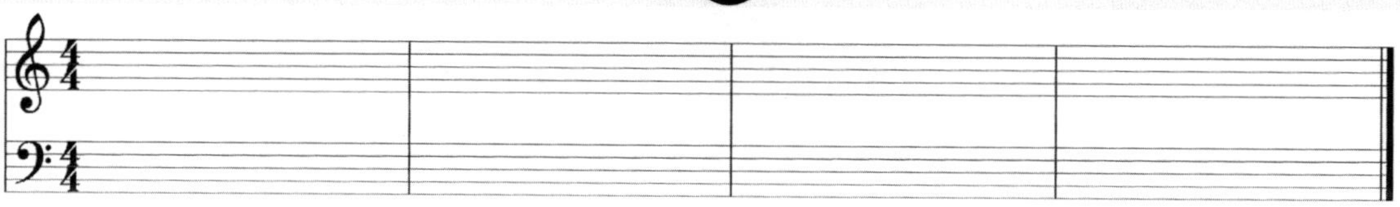

❸

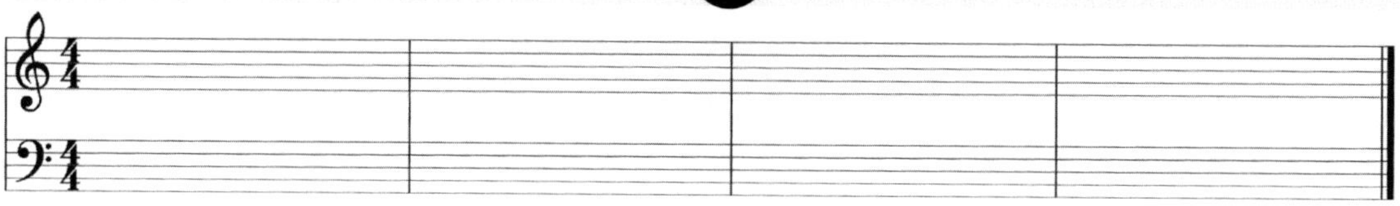

❹

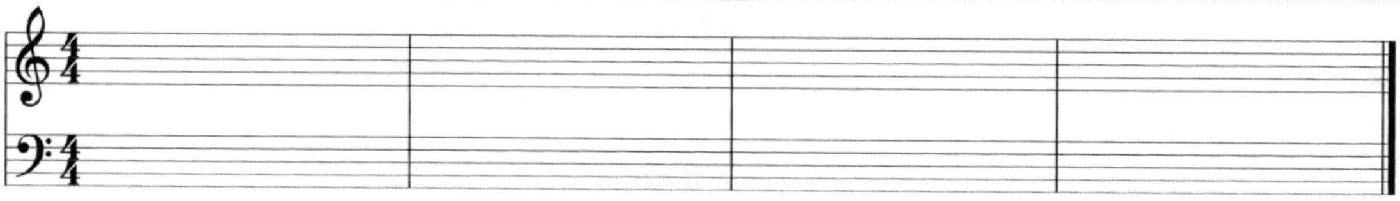

❺

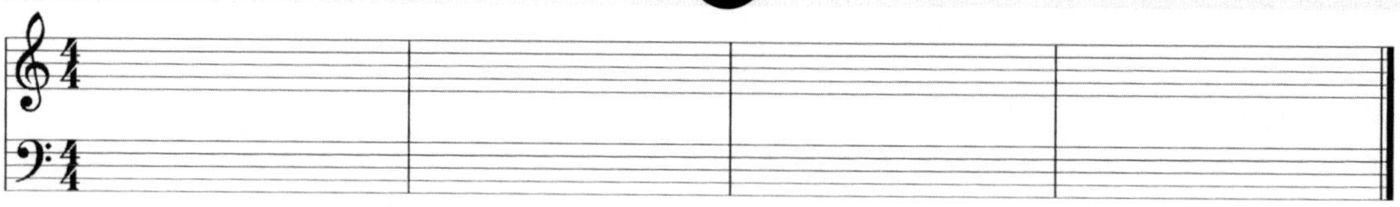

- Üben Sie <u>eine</u> Ihrer Ideen mit 1 oder 2 Partnern ein und präsentieren Sie Ihr Ergebnis.

3. Reprise

- **Die Moll-Kadenz**

> **Info-Box**
>
> An dieser Stelle wird auf die Unterschiede zwischen der natürlichen, der harmonischen und der melodischen Molltonleiter nicht eingegangen. Grundlage hier ist ebenfalls die oft verwendete Form einer Mollkadenz mit der Folge I – IV – V – I, wobei die Dominante von der Dur-Tonart gebildet wird.

Aufgabe 1: *Auch eine Moll-Kadenz kann von der bekannten Folge gebildet werden: I Tonika – IV Subdominante – V Dominante – I Tonika. Die Dominante wird dabei über der Dur-Tonart gebildet. Die Folgen sind im Quintenzirkel leicht abzulesen.*

Beispiel Mollkadenz: Tonika **a-Moll** / Subdominante **d-Moll** / Dominante **E-Dur**

a) Notieren Sie die Harmoniefolgen einer Moll-Kadenz:

Tonika **e-Moll**: ______________________________

Tonika **d-Moll**: ______________________________

Tonika **h-Moll**: ______________________________

EA

Komponieren 7

- Komponieren Sie 4-taktige Folgen mit einer Moll-Kadenz.

Beispiel d-Moll:

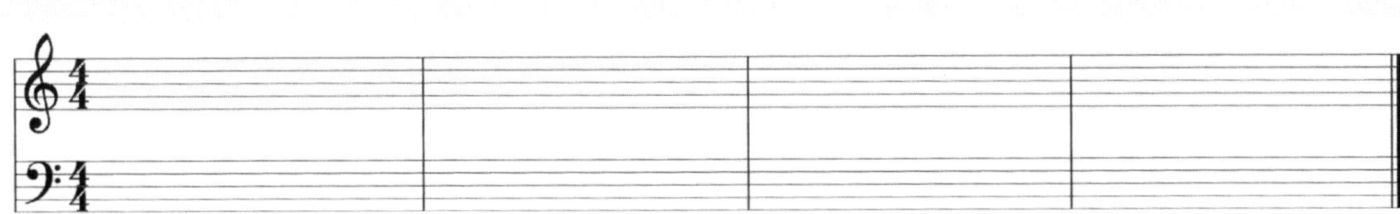

- Üben Sie eine Ihrer Ideen mit 1 oder 2 Partnern ein und präsentieren Sie Ihr Ergebnis.

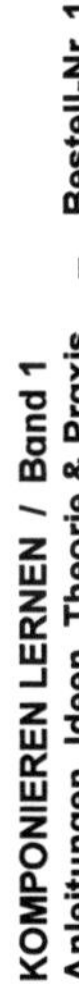

3. Reprise

• **Spanische Kadenz**

Info-Box

Die „Andalusische Kadenz" – auch „Spanische Kadenz" genannt – erhält ihren spanisch klingenden Charakter durch typische Zupfmuster und damit verbundenen Barré-Griffen auf der akustischen Gitarre. Dieser Charakter geht in diesem Rahmen natürlich verloren, die Akkordfolge behält aber ihren Namen. Die Akkordfolge wie z.B. am – G – F – E stellt eine Mischung der Dur- und der Mollkadenz dar. Sie findet sich neben vielen anderen Songs z.B. in „Hit the road Jack!" wieder.

Die Harmonien einer „Spanischen Kadenz" stellen eine Mischung aus einer Dur- und Moll-Kadenz dar. Bei Start mit der Tonikaparallele a-Moll ergibt sich die Folge

a-Moll		G-Dur		F-Dur		E-Dur
	Ganztonschritt	-	Ganztonschritt	-	Halbtonschritt	

Aufgabe 1: *Erstellen Sie die Spanische Kadenz zur angegebenen Tonikaparallele.*

a) e-Moll: ______________________________

b) d-Moll: ______________________________

Komponieren 8

• Komponieren Sie 4-taktige Folgen mit einer Spanischen Kadenz.

Beachten Sie, dass im Beispiel noch die Parallelverläufe enthalten sind.

Beispiel:

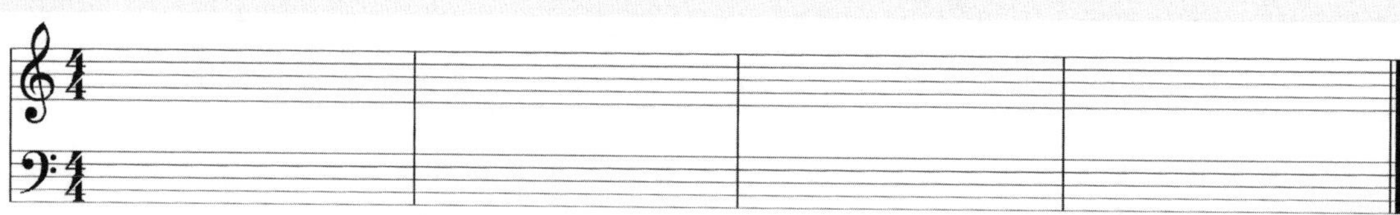

• Üben Sie eine Ihrer Ideen mit 1 oder 2 Partnern ein und präsentieren Sie Ihr Ergebnis.

KOMPONIEREN LERNEN / Band 1
Anleitungen, Ideen, Theorie & Praxis – Bestell-Nr. 12 107

3. Reprise

- **Melodie**

Info-Box

Die vorangegangene Erarbeitung der harmonischen Grundbegriffe sowie der Skalen- und Intervallehre, Rhythmik und Metrik ist unerlässlich zum Verständnis der Melodie. Der Schwerpunkt in diesem Kapitel ist die homophone, instrumentale und begleitete Melodie. Dabei sollte jeder seinen eigenen Weg finden, ob eine Melodie

- sich aus einer Harmoniefolge ergibt oder
- eine gefundene Melodie im Anschluss harmonisiert wird.

Ziel des Projektes ist es, die erarbeiteten Bereiche Melodie, Bass und Harmonie zusammenzuführen und eine Erweiterung ausgehend von einer 4-taktigen Basis zu erreichen.

Merkmale einer Melodie – Motiv, Sequenz, Thema

Unter **Motiv** versteht man in der Musik die kleinste, selbstständige und charakteristische melodische Einheit.

Mit **Sequenz** bezeichnet man in der Musik die Wiederholung eines Motivs auf einer anderen Tonstufe.

Das **Thema** ist in der Musik ein in sich geschlossener musikalischer Gedanke mit einem prägnanten, charakteristischen Ausdruck.

Aufgabe 1: *Schauen Sie sich die folgenden „Takes“ von Melodienausschnitten verschiedener Stilrichtungen und Epochen an.*

Sinfonie Nr. 5 c-Moll, 1. Satz „Schicksalssinfonie“ (L. v. Beethoven 1808)

1

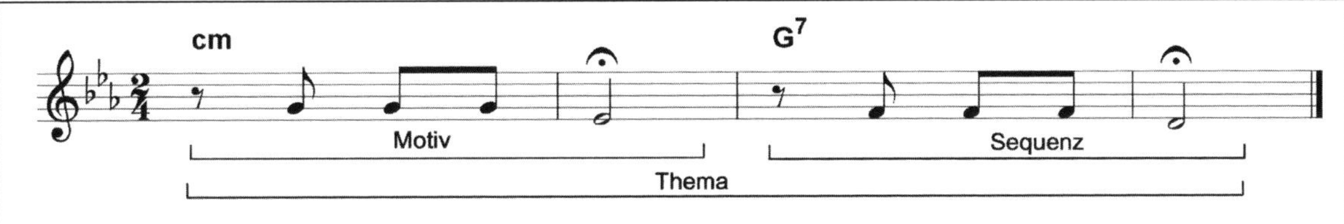

Hänschen klein – dt. Volkslied 19. Jhdt.

2

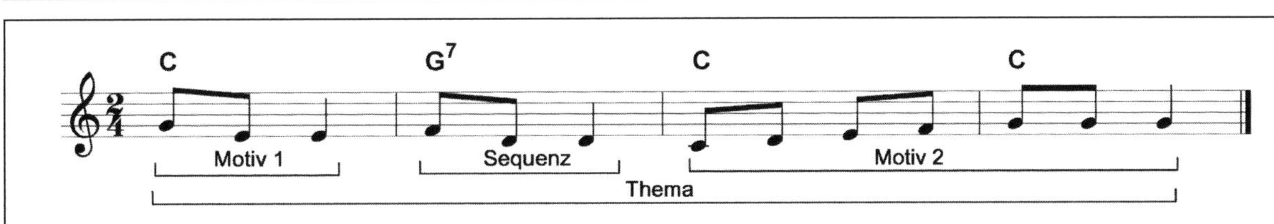

KOMPONIEREN LERNEN / Band 1
Anleitungen, Ideen, Theorie & Praxis – Bestell-Nr. 12 107
KOHL VERLAG

3. Reprise

„I´m singing in the rain“ – Filmschlager von 1929

3 F B F C

Motiv — Sequenz (Umkehrung)

Thema

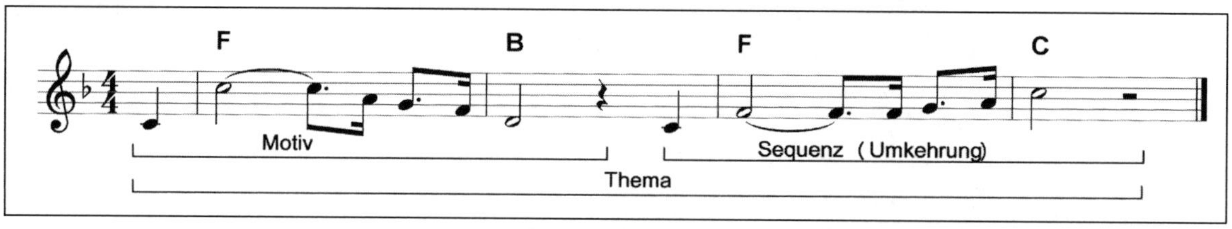

„Eine kleine Nachtmusik“ – Serenade Nr. 13 (W. A. Mozart 1787)

4 G G D^7 D^7

Motiv — Sequenz (Umkehrung)

Thema

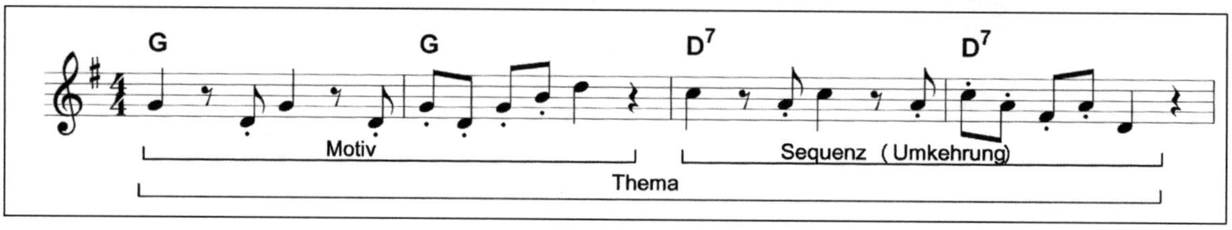

„Leise flehen meine Lieder“ – aus ´Schwanengesang´ (F. Schubert 1828)

5 dm gm A^7 dm

3 3 3

Motiv 1 — Sequenz — Motiv 2

Thema

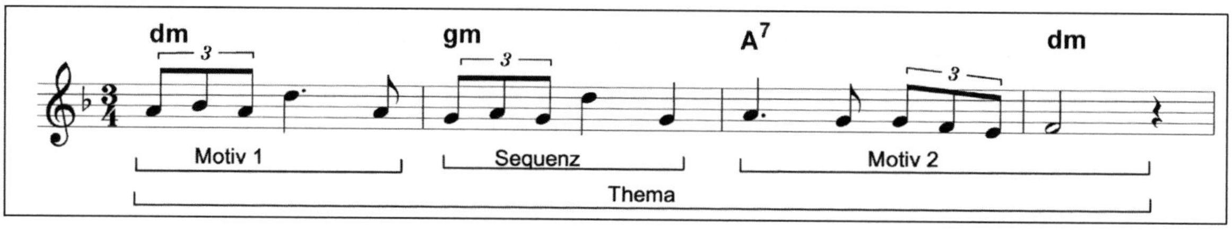

„Satisfaction“ – Rolling Stones 1965

6 E E^7 A A^7

Motiv — Sequenz

Thema

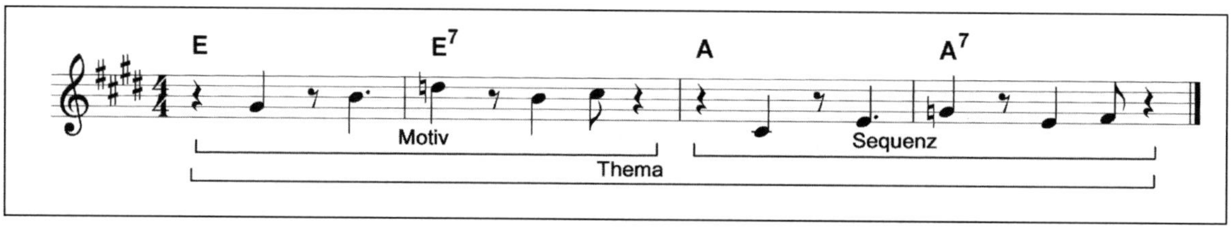

a) Bestimmen Sie den harmonischen Verlauf der einzelnen Melodieausschnitte.

____

____

b) Notieren Sie, was Ihnen bei den Merkmalen auffällt.

____

____

c) Vergleichen Sie in den einzelnen Beispielen die Dreiklangstöne, die zu den angegebenen Harmonien gehören, mit den Tönen der Melodie. Notieren Sie, was Ihnen auffällt.

____

____

3. Reprise

Komponieren 9

- Komponieren Sie 1-taktige Motive über einer Harmonie Ihrer Wahl.

Beispiel:

- Entscheiden Sie sich jetzt für ein Motiv und sequenzieren Sie das Motiv. Orientieren Sie sich harmonisch am Quintenzirkel.

Beispiel:

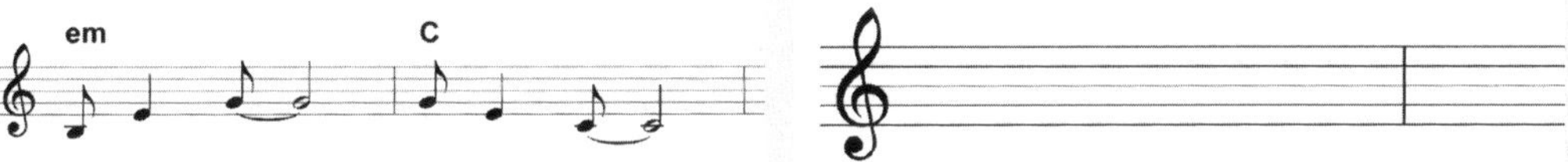

Komponieren 10

- Fügen Sie Ihrer Komposition ein Schlussmotiv an.

Beispiel:

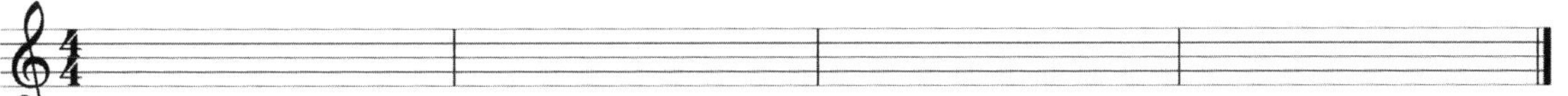

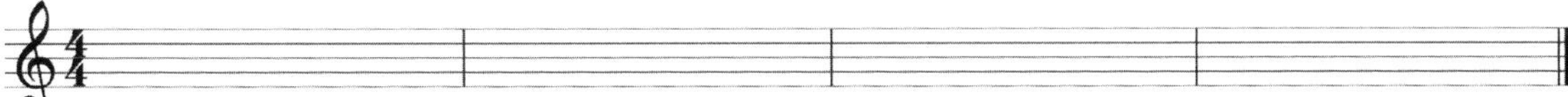

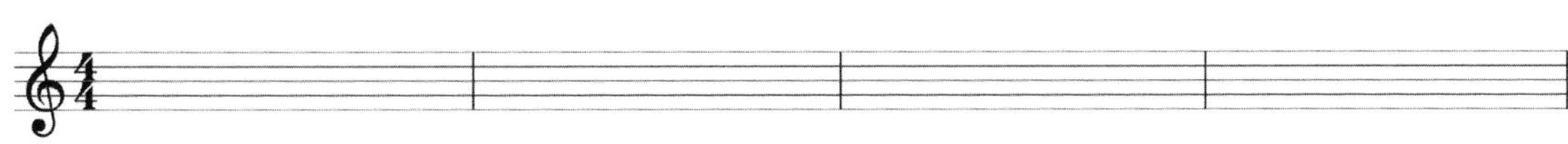

KOHL VERLAG
KOMPONIEREN LERNEN / Band 1
Anleitungen, Ideen, Theorie & Praxis – Bestell-Nr. 12 107

Komponieren 11

- Ergänzen Sie Ihre Ideen von „Komponieren 9“ mit einer Begleitstimme.

Beispiel:

em C dm G

... 2 weitere Ideen

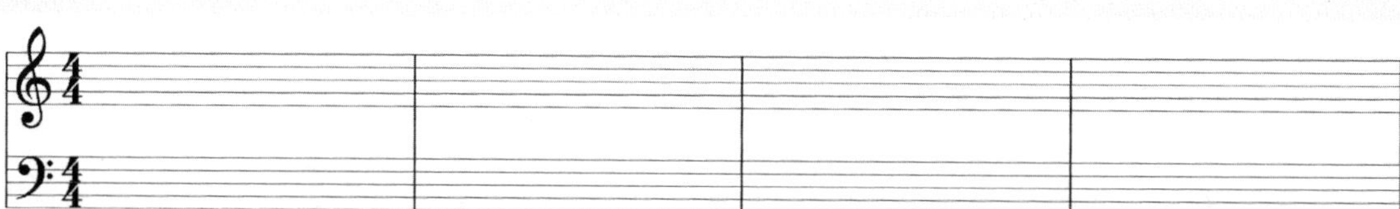

- Üben Sie eine Ihrer Ideen mit 1 oder 2 Partnern ein und präsentieren Sie Ihr Ergebnis.

3. Reprise

Komponieren 12

- Komponieren Sie 4-taktige Ideen mit Melodie, Begleitung und Bassstimme.

<u>Beispiel</u>:

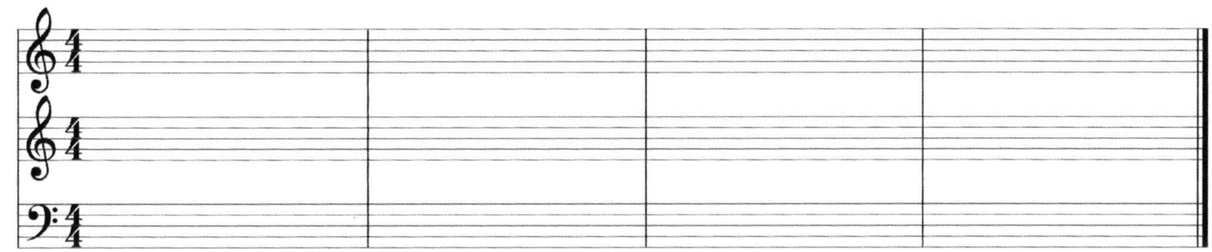

- Üben Sie <u>eine</u> Ihrer Ideen mit 1 oder 2 Partnern ein und präsentieren Sie Ihr Ergebnis.

KOHL VERLAG KOMPONIEREN LERNEN / Band 1 Anleitungen, Ideen, Theorie & Praxis – Bestell-Nr. 12 107

PF/
LK

Komponieren 13

- Komponieren Sie 8-taktige Ideen mit Melodie, Begleitung und Bassstimme.

Beispiel:

KOHL VERLAG
KOMPONIEREN LERNEN / Band 1
Anleitungen, Ideen, Theorie & Praxis – Bestell-Nr. 12 107

3. Reprise

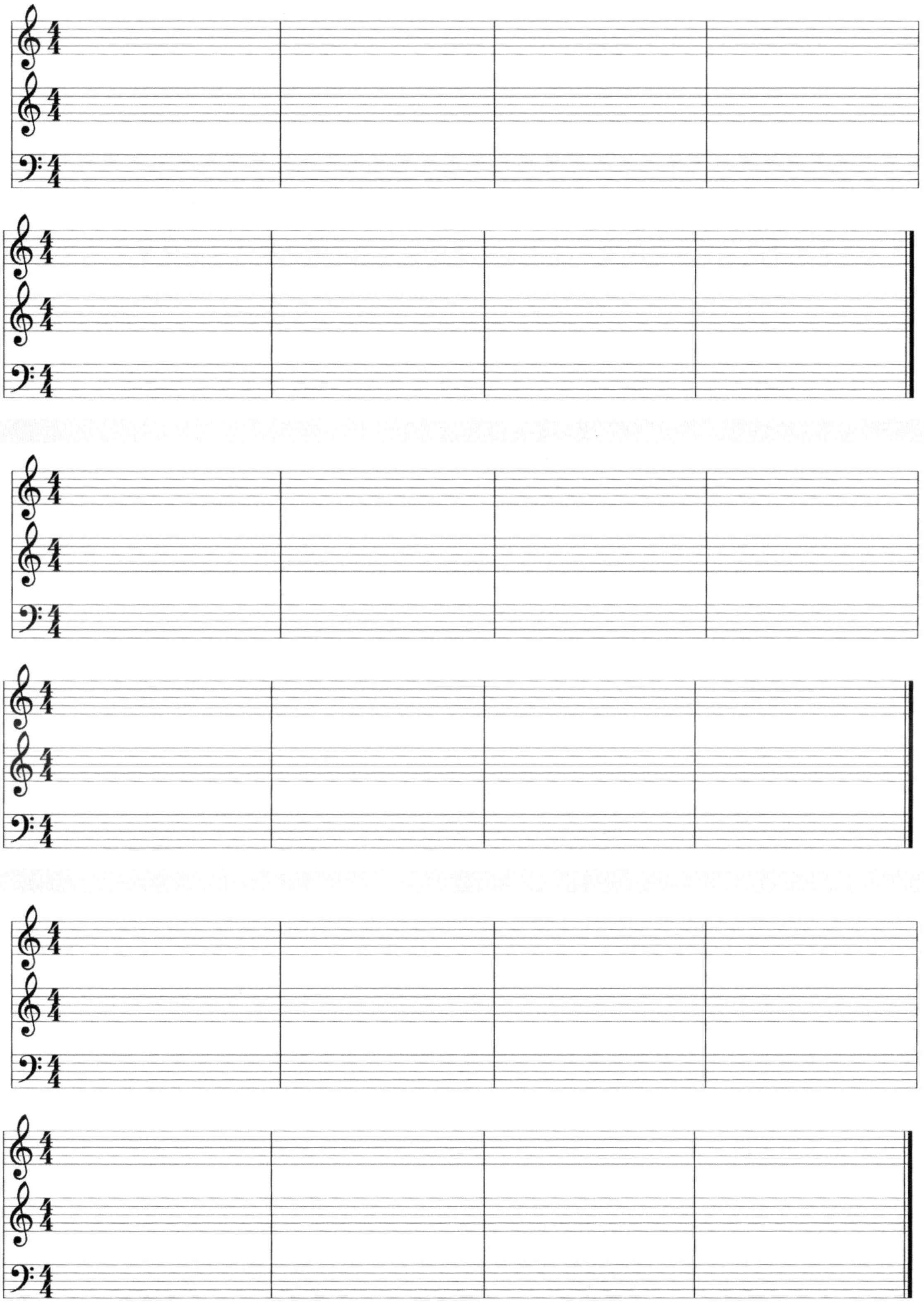

- Üben Sie <u>eine</u> Ihrer Ideen mit 1 oder 2 Partnern ein und präsentieren Sie Ihr Ergebnis.

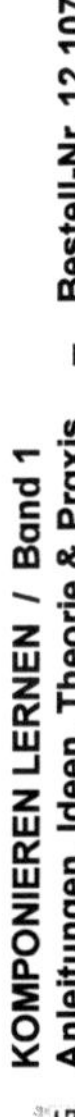

Lösungen

Seite 7, **Aufgabe 1:**

b) mögliche Lösungen:
Gemeinsamkeiten: Titel, Hinweis auf den Urheber, Harmonieangaben, Angabe der Taktart, Angabe der Tonart, Noten-/Violinschlüssel, Hinweise auf Stilart, ...
Unterschiede: unterschiedliche Takt- und Tonarten, unterschiedliche Harmonieangaben, nicht durchgehend Tempoangaben, manchmal Hinweis auf Jahr der Entstehung, Melodie mit Text oder Instrumental....

Seite 8, **Aufgabe 2:**

1 Tempoangabe; **2** Wiederholungszeichen; **3** Musikstil; **4** Titel; **5** Komponist/Texter; **6** Entstehungsjahr; **7** Notenschlüssel; **8** Taktart; **9** Taktstrich; **10** Harmonieangabe; **11** Tonart; **12** Text/Lyrics

Aufgabe 3:

a) alle Stimmen sind dargestellt: Melodie, Begleitung, Bass/Boomwhackers
b) Partitur

Seite 10, **Aufgabe 1:**

mögliche Lösungen:
a) Prime c´-c´; **b)** Sekunde c´-d´; **c)** Terz c´-e´; **d)** Quarte c´-f´; **e)** Quinte c´-g´; **f)** Sexte c´-a´; **g)** Septime c´-h´; **h)** Oktave c´-c´´

Aufgabe 2:

a) 

b) 

PF/LK Seite 11, **Aufgabe 1:**

mögliche Lösungen:
a) Prime c´-c´; **b)** Sekunde c´-d´; **c)** Terz c´-e´; **d)** Quarte c´-f´; **e)** Quinte c´-g´; **f)** Sexte c´-a´; **g)** Septime c´-h´; **h)** Oktave c´-c´´

Aufgabe 2:

a) 

b) 

c) 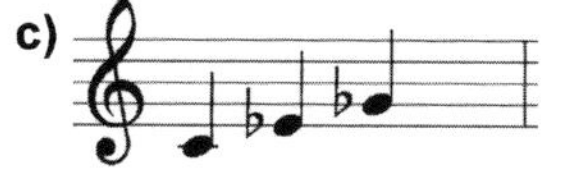

d) 

Seite 12, **Aufgabe 1:**

a) 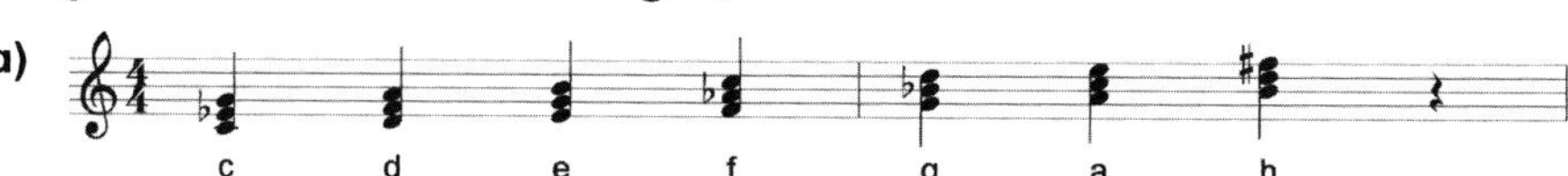

b) **C-Dur:** c, e, g; **D-Dur:** d, fis, a; **E-Dur:** e, gis, h; **F-Dur:** f, a, c; **G-Dur:** g, h, d; **A-Dur:** a, cis, e; **H-Dur:** h, dis, fis;

Aufgabe 2:

a) 

b) **c-Moll:** c, es, g; **d-Moll:** d, f, a; **e-Moll:** e, g, h; **f-Moll:** f, as, c; **g-Moll:** g, b, d; **a-Moll:** a, c, e; **h-Moll:** h, d, fis;

Seite 14, **Aufgabe 1:**

a) 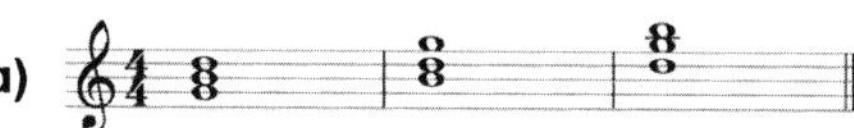

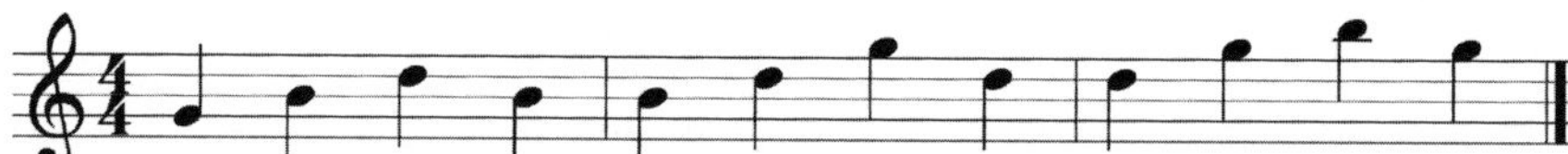

b) 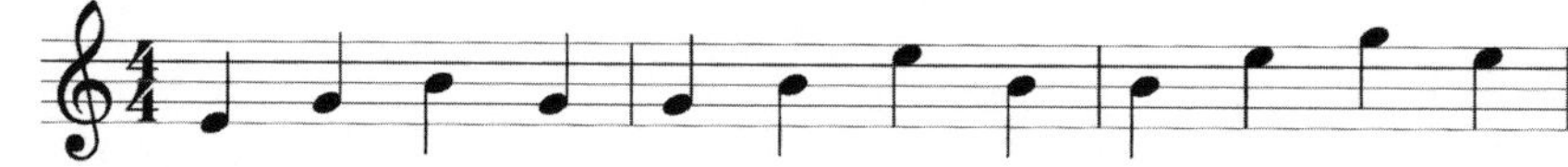

c) 

KOMPONIEREN LERNEN / Band 1 – Bestell-Nr. 12 107
Anleitungen, Ideen, Theorie & Praxis
KOHL VERLAG

Lösungen

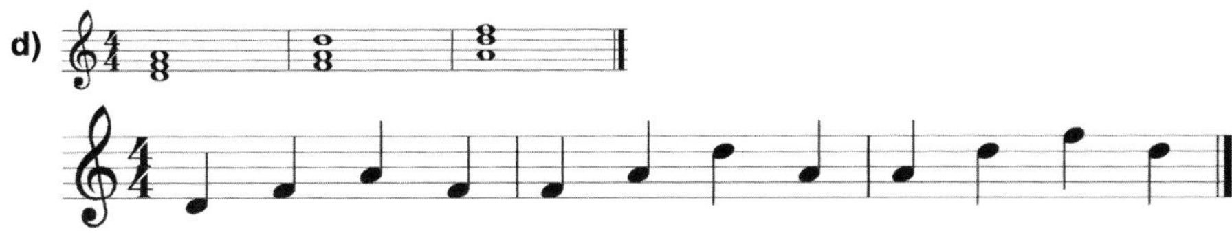

Seite 16 mögliche Lösung:

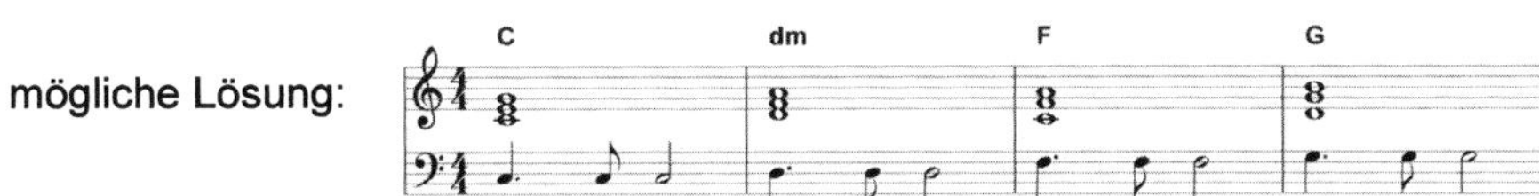

Seite 19, **Aufgabe 1**: **a)** G-Dur; **b)** f; **c)**

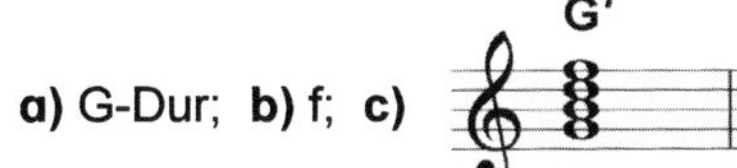

Aufgabe 2: mögliche Lösung:

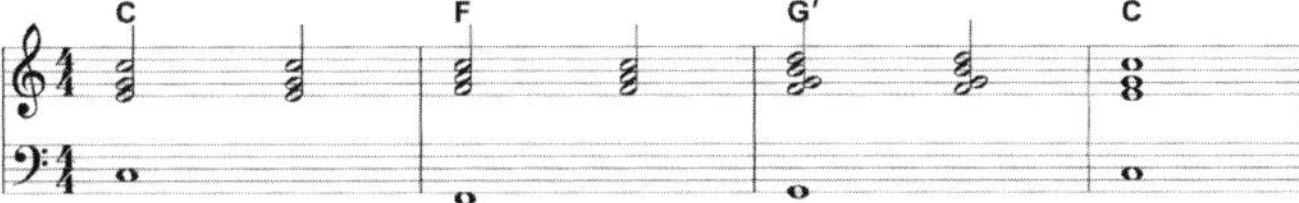

Seite 21, **Aufgabe 1**: **a)** mögliche Lösungen:

1 Harmoniefolge: Tonika – Subdominante – Dominante(nseptime) – Tonika; Akkord wird in jedem Takt zweimal angeschlagen: auf den Zählzeiten 1 und 3 (halbe Noten); 1.Umkehrung C-Dur, Grundreiklang F-Dur, 3. Umkehrung Dominantseptime; 1.Umkehrung/Grundlage

2 Harmoniefolge: Tonika – Tonika – Subdominante/Dominante(nseptime) – Tonika;
Tonlagenwechsel über den Tonika in Takt 1/2: 1.Umkehrung/ 2.Umkehrung/1.Umkehrung/Grundlage

3 Harmoniefolge: Tonika spielt über 2 Takte/Haltebogen – Subdominante/ Dominante(nseptime) wechseln in Takt 3 auf den Zählzeiten 1 und 3-Tonika;1.Umkehrung C-Dur, Grunddreiklang F-Dur, 2.Umkehrung Dominantseptime; 1.Umkehrung/Grundlage

4 Harmoniefolge: Tonika – Tonikaparallele – Subdominantenparallele/ Dominante(nseptime) – Tonika;
C-Dur 1.Umkehrung mit gehaltenem Wechsel auf die Zählzeit 1 zur Tonikaparallele 2.Umkehrung; Subdominantenparallele Grundlage/Dominantenseptime 2.Umkehrung wechseln in Takt 3 auf den Zählzeiten 1 und 3; 1.Umkehrung/Grundlage

Aufgabe 2: mögliche Lösungen:

a) Harmonieverlauf: ‖: T-T-D^7-T :‖ - D-T-D-T - S-T-D^7-T

b) 12 Takte, die den Liedverlauf in 3 x 4 Takte teilen; erster und letzter Teil enden mit der Folge Dominantenseptime/Tonika; Harmoniefolge an einer Kadenz orientiert; …

Seite 23, **Aufgabe 1**: mögliche Lösung

Lösungen

PF/LK Seite 24, **Aufgabe 2**: Takt 1-4: C-Dur Tonika – F-Dur^7 Subdominante+Septime – C-Dur Tonika – C-Dur^7 Tonika+Septime; Takt 5-8: F-Dur^7 Subdominante+Septime – F-Dur^7 Subdominante+Septime – C-Dur Tonika – C-Dur^7 Tonika+Septime; Takt 9-12: G-Dur^7 Dominante(nseptakkord) – F-Dur^7 Subdominante+Septime;

C-Dur Tonika – G-Dur^7 Dominante(nseptakkord);

Seite 26, **Aufgabe 1**:

a) Tonika C steht in der Mitte, die Subdominante F links davon, die Dominante G rechts.

b)

I Tonika	IV Subdominante	V Dominante	I Tonika
G-Dur	C-Dur	D-Dur	G-Dur
D-Dur	G-Dur	A-Dur	D-Dur
F-Dur	B-Dur	C-Dur	F-Dur

Aufgabe 2: mögliche Lösungen:

a) G C D^7 G

b)

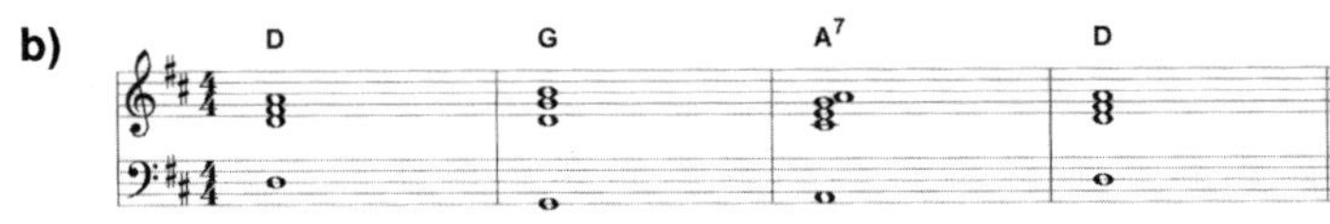

c) F B♭ C^7 F

Aufgabe 3: mögliche Lösung:

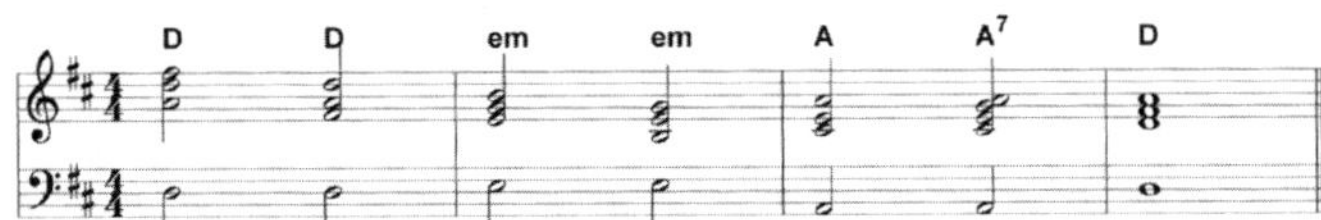

Aufgabe 4:

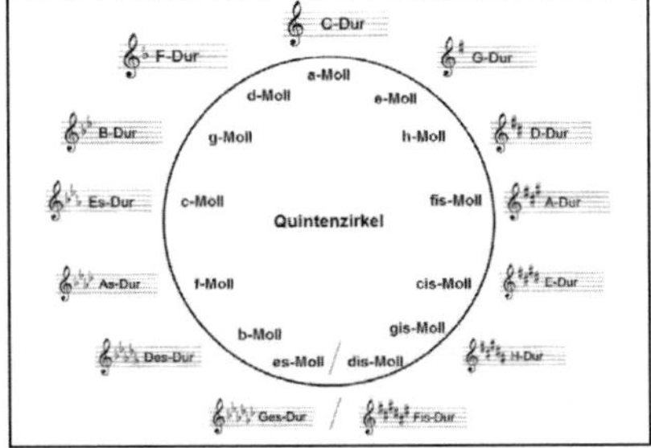

a) mögliche Lösung: siehe Abbildung

b) mögliche Lösungen:
**G**eh **D**u **A**lter **E**sel **H**ole **F**ische
b **F**reche **B**uben **ES**sen **AS**trids **DES**sert **GES**wind.

c) Ich gehe vom Ton der Dur-Tonleiter 3 Halbtonschritte abwärts, von Linie zu Liniebzw. von Zwischenraum zu Zwischenraum.

Seite 29, **Aufgabe 1**:

a) **e-Moll:** Tonika e-Moll / Subdominante a-Moll / Dominante H-Dur
d-Moll: Tonika d-Moll / Subdominante g-Moll / Dominante A-Dur
h-Moll: Tonika h-Moll / Subdominante e-Moll / Dominante Fis-Dur

Seite 30, **Aufgabe 1**:

a) **e^m:** e-Moll / D-Dur / C-Dur / H-Dur

b) **d^m:** d-Moll / C-Dur / B-Dur / A-Dur

Seite 32, **Aufgabe 1**:

a) **1** Mollkadenz: Tonika c-Moll – Dominantseptime G7; **2** Tonika C – Dominantseptime G7; **3** Tonika F – Subdominante B – Tonika F – Dominante C;
4 Tonika G (2x) – Dominante D7 (2x); **5** Mollkadenz: Tonika d-Moll – Subdominante g-Moll – Dominantseptime A7 – Tonika d-Moll
6 Tonika E – Tonikaseptime E7 – Subdominante A – Subdominantenseptime A7

b) Die Motive werden bei der Wiederholung sequenziert.

c) In der Melodieführung sind immer Dreiklangstöne der Harmonien gesetzt. Sie werden oft mit Zwischentönen verbunden und ergeben so die Melodie.